傍訓 市制町村制
附 理由書
【明治21年初版】

同盟館 編

地方自治法研究
復刊大系〔第二四三巻〕

傍訓 市制町村制〔明治二十一年初版〕

附 理由書

日本立法資料全集 別巻 1053

信山社

明治廿一年四月十七日公布法律第壹號

傍訓

市制町村制

附理由書

大阪　同盟館發兌

◎法律《はふりつ》

朕地方共同《ちんちはうきようどう》の利益《りえき》を發達《はつたつ》せしめ衆庶臣民《しうしよしんみん》の幸福《かうふく》を増進《ぞうしん》することを欲《ほつ》し隣保團結《りんぽだんけつ》の舊慣《きうくわん》を存重《そんちよう》して益〻《ますく》之を擴張《くわくちやう》し更《さら》に法律《はふりつ》を以て都市《とし》及ひ町村《ちやうそん》の權義《けんぎ》を保護《ほご》するの必要《ひつえう》を認《みと》め茲《こゝ》に市制《しせい》及ひ町村制《せい》を裁可《さいか》して之を公布《こうふ》せしむ

御名御璽

明治二十一年四月十七日

内閣總理大臣伯爵伊藤博文
内務大臣伯爵山縣有朋

法律第一號《はふりつだいがう》

市制《しせい》

第一章《だいしやう》 總則《そうそく》
第一款《くわん》 市《し》及《およ》ひ其區域《そのくゐき》
第二款 市住民《しぢうみん》及ひ其權利義務《そのけんりぎむ》
第三款 市條例《しでうれい》
第二章 市會《しくわい》
第一款 組織《そしき》及ひ選擧《せんきよ》
第二款 職務權限《しよくむけんげん》及ひ處務規程《しよむきてい》
第三章 市行政《しぎやうせい》
第一款 市參事會《さんじくわい》及ひ市吏員《しりゐん》の組織選任《そしきせんにん》
第二款 市參事會及ひ市吏員の職務權限《しよくむけんげん》及ひ處務規程《しよむきてい》
第三款 給料《きふれう》及ひ給與《きふよ》
第四章 市有財産《いうざいさん》の管理《くわんり》

第一欵　市有財産《しいうざいさん》及ひ市税《しぜい》
第二欵　市の歳入出豫算《さいにふしゆつよさん》及ひ決算《けつさん》
第五章　特別《とくべつ》の財産《ざいさん》を有《いう》する市區《しく》の行政《ぎやうせい》
第六章　市行政の監督《かんとく》
第七章　附則《ふそく》

市《し》制《せい》

第一章　總則《そうそく》

第一欵　市及其區域《しそのくいき》

第一條　此法律《このはふりつ》は市街地《しがいち》にして郡《ぐん》の區域に屬《ぞく》せす別《べつ》に市と為《な》すの地に施行《しかう》するものとす

第二條　市は法律上一個人《こにん》と均《ひとし》く權利《けんり》を有《いう》し義務《ぎむ》を負擔《ふたん》し凡市の公共事務《こうきようじむ》は官の監督を受《う》けて自《みづか》ら之を處理《しより》するものとす

第三條　凡市は從來《じうらい》の區域を存《そん》して之を變更《へんかう》せす但將來其變更《たゞしじやうらいそのへんかう》を要《えう》することあるときは此法律に準據《じゆんきよ》す可《べ》し

第四條　市の境界《きやうかい》を變更《へんかう》し又は町村を市に合併《がつぺい》し及ひ市の區域を分割《ぶんかつ》することあるときは町村制第四條を適用《てきよう》す

第五條　市の境界《きやうかい》に關《くわん》する爭論《さうろん》は府縣參事會《ふけんさじくわい》之を裁決す其府縣參事會の裁決に不服《ふふく》ある者《もの》は行政裁判所《せいさいばんしよ》に出訴《しゆつそ》することを得

第二欵　市住民《しぢうみん》及ひ其權利義務

第六條　凡市内に住居《ぢうきよ》を占《し》むる者《もの》は總《すべ》て其市住民とす
凡市住民たる者は此法律に從《したが》ひ公共《こうきやう》の營造物並《えいざうぶつならび》に市有財産を共用《きやうよう》するの權利を有し及ひ

市の負《ふ》擔《たん》を分任《ぶんにん》するの義務を有するものとす但特《たゞしとく》に民法上《みんぽふじやう》の權利《けんり》及ひ義務を有する者あるときは此限《このげん》に在《あ》らす

第七條　凡帝國臣民《ていこくしんみん》にして公權《こうけん》を有する獨立《どくりつ》の男子《だんし》二年以來《いらい》（一）市の住民となり（二）其市の負《ふ》擔《たん》を分任し及ひ（三）其市内に於て地租《ちそ》を納《をさ》め若《もし》くは直接國税年額《ちよくせつこくぜいねんがく》二圓以上を納むる者は其市公民とす其《その》公費《こうひ》を以て救助《きうじよ》を受けたる後《のち》二年を經《へ》ざる者は此限に在らず但場合《ばあひ》に依《よ》り市會の議《ぎ》決《けつ》を以て本條に定《さだ》むる二ケ年の制限《せいげん》を特免《とくめん》することを得、此法律に於て獨立と稱《しやう》するは滿《まん》二十五歳《さい》以上にして一戸《こ》を構《かま》へ且治産《かつぢさん》の禁《きん》を受けざる者を云ふ

第八條　凡市公民は市の選擧に參與《さんよ》し市の名譽職《めいよしよく》に選擧せらるゝの權利あり又其名譽職を擔任《たんにん》するは市公民の義務なりとす

左の理由《りゆう》あるに非《あら》ざれば名譽職を拒辭《きよじ》し又は任期中退職《にんきちうたいしよく》する事を得す

一　疾病《しつぺい》に罹《かゝ》り公務《こうむ》に堪《たへ》ざる者

二　營業《えいげふ》の爲に常《つね》に其市内に居る事を得ざる者

三　年齢滿《ねんれいまん》六十歳以上《さいいじやう》の者

四　官職《くわんしよく》の爲めに市の公務を執《と》る事を得ざる者

五　四年間無給《ねんかんむきふ》にして市吏員《しりゐん》の職に任《にん》じ爾后《じご》四年を經過《けいくわ》せざる者及ひ六年間市會議員の職に居り爾后六年を經過せざる者

六　其他市會の議決に於て正當《せいたう》の理由《りゆう》ありと認《みと》むる者

前項《ぜんこう》の理由なくして名譽職を拒辭《きよじ》し又は任期中退職《にんきちうたいしよく》し若くは無任期《むにんき》の職務を少《すくな》くも三年間擔當《たんたう》せす又は其職務を實際《じつさい》に執行《しつかう》せざる者は市會の議決を以て三年以上六年以下其市公民たるの權《けん》を停止《ていし》し且同年期間《かつどうねんきかん》其負擔《そのふたん》すべき市費《しひ》の八分一乃至《ないし》四分一を增課《ぞうくわ》することを得

前項市會《しくわい》の議決《ぎけつ》に不服《ふふく》ある者は府縣參事會《ふけんさんじくわい》に訴願《そぐわん》し其府縣參事會の裁決に不服ある者は行《ぎやう》政裁判所《せいさいばんしよ》に出訴することを得

第九條　市公民たる者第七條に掲載《けいさい》する要件《えうけん》の一を失《うしな》ふときは其公民《こうみん》たるの權を失ふものとす

市公民たる者身代限《しんだいかぎ》り處分中《しよぶんちう》又は公權《こうけん》の剝奪《はくだつ》若《も》しくは停止《ていし》を附加《ふか》す可き重輕罪《ぢうけいざい》の爲め裁判上の訊問《じんもん》若《もし》くは勾留中《こうりうちう》又は租稅《そぜい》滯納處分中《たいのふしよぶんちう》は其公民たるの權を停止す、陸海軍の現役《げんえき》に服する者は市の公務《こうむ》に參與《さんよ》せざるものとす、市公民たる者に限りて任ずべき職務に在る者本條の場合《ばあひ》に當《あた》るときは其職務を解《と》く可《べ》きものとす

第三款　市條例

第十條　市の事務及ひ市住民の權利義務に關し此法律中に明文《めいぶん》なく又は特例《とくれい》を設《まう》くることを許《ゆる》せる事項は各市に於て特に條例を設けて之れを規定することを得、市に於ては其市の設置《せつち》に係《かゝ》る營造物《えいざうぶつ》に關《くわん》し規則を設くることを得、市條例及ひ規則は法律命令に抵觸《ていしよく》することを得す且《かつ》之を發行《はつかう》するときは地方慣行《ちはうくわんかう》の公告式《こうこくしき》に依《よ》る可し

第二章　市　會

第一款　組織《そしき》及ひ選擧《せんきよ》

第十一條　市會議員は其市の選擧人《せんきよにん》其被《ひ》選擧權《せんきよけん》ある者より之を選擧す其定員《ていゐん》は人口五萬未滿《みまん》の市に於ては三十人とし人口五萬以上の市に於ては三十六人とす、人口十萬以上の市に於ては人口五萬を加《くは》ふる毎《ごと》に人口二十萬以上の市に於ては人口十萬を加ふる毎に議員《ぎゐん》三人を増《ま》し六十人を定限とす、議員の定員は市條例を以て特《とく》に之を増減《ぞうげん》することを得但し定限を超《こ》ゆることを得す

第五十條　市公民（第七條）は總て選擧權を有す但其公民權《こうみんけん》を停止せらるゝ者（第八條第三項第

九條第二項）及ひ陸海軍《りくかいぐん》の現役《げんえき》に服する者は此限に在らず」凡内國人《ないこくじん》にして公權《こうけん》を有し直接《ちよくせつ》市稅《しせい》を納る者其額市公民《がくしこうみん》の最《もつと》も多く納稅《なふぜい》する者三名中の一人よりも多きときは第七條の要《えう》件《けん》に當《あた》らずと雖《いへど》も選擧權を有す但公民權を停止せらるゝ者及ひ陸海軍の現役に服する者は此限《このけん》に在《あ》らず」法律に從《したがつ》て設立したる會社其他法人《くわいしやそのたほふじん》にして前項《ぜんかう》の場合に當るときも亦《また》同じ

第十三條　選擧人は分て三級《きふ》と爲す」選擧人中直接市稅の納額最《なふがくもつと》も多き者を合て選擧人總員の納《をさ》むる總額《そうがく》の三分一に當る可き者を一級とす」一級選擧人の外直接市稅《ほかちよくせつしせい》の納額多き者を合て選擧人總員の納る總額の三分一に當る可き者を二級とし爾餘《じよ》の選擧人を三級とす」當級の間納稅額兩級《あひだなふぜいがくりやうきふ》に跨《またが》る者あるときは上級《じやうきふ》に入る可し又兩級の間に同額の納稅者二名《めい》以上あるときは其市に住居する年數の多き者を以て上級に入る若し住居の年數に依り難《かた》きときは年齢《ねんれい》を以てし年齢にも依り難きときは市長抽籤《しちやうちうせん》を以て之を定む可し」選擧人每級各別《まいきふかくべつ》に議員の三分一を選擧す其被選擧人は同級內の者に限らず三級に通じて選擧せらるゝことを得

第十四條　區域廣濶《くゐきくわうくわつ》又は人口稠密《てうみつ》なる市に於て之市條例を以て選擧區を設くることを得但し特《こと》に二級若くは三級選擧の爲め之を設くるも妨《さまた》けなし」選擧區の數及ひ其區域並ひ各選擧區より選出《せんしゆつ》する議員の員數之市條例を以て選擧人の員數に準《じゆん》じ之を定む可し」選擧人は其住居の地に依て其所屬の區を定む其市內に住居なき者は課稅《くわぜい》を受けたる物件《ぶつけん》の所在《しよざい》に依《よう》て之を定む若し數選擧區に亘《わた》り納稅する者は課稅の最も多き物件の所在に依て之を定む可し」選擧區を設くる時は其選擧區に於て選擧人の等級を分つ可し」被選擧人は其選擧區內の者に限《かぎ》らざるものとす

第十五條　選擧權を有する市公民（第十二條第一項）は總《すべ》て被選擧權を有す
左《さ》に揭《かゝ》ぐる者之市會議員たることを得ず

一 所屬府縣《しよぞくふけん》の官吏《くわんり》
二 有給《いうきふ》の市吏員《しりゐん》
三 檢察官《けんさつくわん》及ひ警察官吏
四 神官僧侶《しんくわんそうりよ》及ひ其他《た》諸宗教師《しよしうけうし》
五 小學校教員《せうがくかうけうゐん》

其他《そのた》官吏《くわんり》にして當選《たうせん》し之に應《おう》せんとするときは所屬長官《しよぞくちやうくわん》の許可《きよか》を受く可し、代言人《だいげんにん》に非《あら》ずして他人《たにん》の爲めに裁判所《さいばんしよ》又は其他の官廳《くわんちやう》に對《たい》して事を辨《べん》するを以て業《げふ》と爲す者は議員に選擧せらるゝことを得ず、父子兄弟《ふしけいてい》たるの緣故《えんこ》ある者は同時に市會議員たることを得ず其同時に選擧せられたるときは投票《とうへう》の數に依て其多き者一人を當選とし若し同數あれば年長《ねんちやう》者を當選とす其時を異《こと》にして選擧せられたる者は後者議員たることを得ず、市參事會員との間父子兄弟たるの緣故《えんこ》ある者は之と同時に市會議員たることを得ず若《も》し議員との間に其緣故ある者若參市會員の任《にん》を受くるときは其緣故ある議員は其職《そのしよく》を退《りぞ》く可し

第十六條　議員ハ名譽職とす其任期は六年とし毎三年各級に於て其半數《はんすう》を改選《かいせん》す若し各級《かくきふ》の議員《ゐん》二分し難きときは初回《しよくわい》に於て多數《たすう》の一半を改任《かいにん》せしむ初回に於て解任すへき者ハ抽籤《ちうせん》を以て之を定む、退任の議員ハ再選《さいせん》せらるゝことを得

第十七條　議員中闕員《ちうけつゐん》あるときは毎《まい》三年定期《ていき》改選《かいせん》の時に至り同時に補缺選擧《ほけつせんきよ》を行《おこな》ふべし若し定員三分の一以上闕員あるとき又は市會、市參事會若くハ府縣知事に於て臨時《りんじ》補闕《ほけつ》を必要《ひつにう》と認《みと》むる時は定期《ていき》前《ぜん》と雖《いへど》も其補闕選擧を行ふへし
補闕議員は其前任者《ぜんにんしや》の殘任期間《ざんにんきかん》在職《ざいしよく》する者とす、定期改選及ひ補闕選擧とも前任者《ぜんにんしや》の選擧せられたる選擧等級及ひ選擧區に從《したが》つて之れが選擧を行《おこ》なふべし

第十八條　市長《しちやう》は選擧《せんきよ》を行ふ毎《ごと》に其選擧前《まへ》六十日を限り選擧原簿《げんぼ》を製《せい》し各選擧人の資格《しかく》を記載し此原簿に據《よ》りて選擧人名簿《めいぼ》を製すべし但し選擧區を設くるときは毎區《まいく》各別《かくべつ》に原簿及び名簿を製すべし」選擧人名簿は七日間市役所《しやくしよ》又は其他の場所に於て之を關係者《くわんけいしや》の縱覽《じふらん》に供《きよう》すべし若し關係者に於て訴願《そくわん》せんとすることあるときは同期《どうき》限內《げんない》に之を市長に申し立《た》つべし市長は市會《しくわい》の裁決《さいけつ》(第三十五條第一項)に依り名簿を修正《しうせい》すべきときは選擧前十日を限《かぎ》りて之に修正を加《くは》へて確定《くわくてい》名簿と爲し之に登錄《とうろく》せられざる者は何人たりとも選擧に關《くわん》することを得ず」本條に依り確定したる名簿は當選《たうせん》を辭《じ》し若《もし》くは選擧の無効《むかう》となりたる場合《ばあい》に於て更《さら》に選擧を爲すときも亦《また》之を適用《てきよう》す

第十九條　選擧を執行《しつかう》するときは市長は選擧の場《ば》所日時《しよにちじ》を定《さだ》め及び選擧すべき議員の數を各級《かくきふ》各區《かく》に分ち選擧前七日を限《かぎ》りて之を公告《こうこく》すべし」各級に於て選擧を行ふの順序《じゆんじよ》は先《ま》づ三級の選擧を行ひ次《つぎ》に二級の選擧を行ひ次に一級の選擧を行《おこな》ふべし

第二十條　選擧掛《せんきよがゝり》は名譽職とし市長に於て臨時《りんじ》に選擧人中より二名若《もし》くは四名を選任《せんにん》し市長若くは其代理《そのだいり》者《しや》は其掛長となり選擧會を開閉《かいへい》し其會場の取締《とりしまり》に任ず但し選擧區を設《まう》くるときは毎區《まいく》各別《かくべつ》に選擧掛を設くべし

第廿一條　選擧開會中は選擧人の外何人《ほかなにびと》たりとも選擧會場に入ることを得ず選擧人は選擧會場に於て協議《けふぎ》又は勸誘《くわんいう》を爲す事を得ず

第廿二條　選擧は投票《とうへう》を以て之を行ふ投票には被選擧人の氏名を記し封緘《ふうしん》の上選擧人自《みづか》ら掛長《かゝりちやう》に差出すべし但し選擧人の氏名を投票に記入《きにふ》することを得ず」選擧人投票を差出す時は自巳の氏名及び住所を掛長に申し立て掛長は選擧人名簿に照して之を受け封緘《ふうしん》の儘投票函《まゝとうへうかん》に投入すべし但し投票函は投票を終《をは》る迄之を開くことを得ず

第廿三條　投票《とうへう》ニ記載《きさい》の人員其選舉すべき定數《ていすう》に過ぎ又は不足《ふそく》あるも其投票を無効《むかう》とせず其定數に過ぐるものは末尾《まつび》に記載したる人名を順次《じゆんじ》に棄却《きゝやく》すべし

左の投票は之を無効《むかう》とす

一　人名を記載せず又は記載せる人名の讀《よ》み難《がた》きもの

二　被選舉人の何人たるを確認《かくにん》し難きもの

三　被選舉權なき人名を記載するもの

四　被選舉人氏名の外他事《ほかたじ》を記入するもの、投票の受理並《じゆりならび》ニ効力《かうりよく》に關する事項《じかう》は選舉掛假《かり》に之を議決す可否同數《かひどうすう》なるときは掛長之を決す

第廿四條　選舉は選舉人自から之を行ふ可し他人に託して投票を差出すことを許さず、第十二條第二項に依り選舉權を有する者は代人を出して選舉を行ふことを得若し其獨立《どくりつ》の男子に非ざる者又は會社其他法人《はふじん》に係るときは必ず代人を以てす可し其代人も內國人《ないこくじん》にして公權《こうけん》を有する獨立の男子に限る但一人にして數人の代理を爲すことを得ず且代人は委任狀《ゐにんじやう》を選舉掛に示して代理の證《しよう》とす可し

第二十五條　議員の選舉は有効投票《いうかうとうへう》の多數《たすう》を得る者を以て當選とす投票の數相同《かずあひおな》きものは年長者を取り同年なるときは掛長自ら抽籤《ちうせん》して其當選《たうせん》を定む、同時に補闕員《ほけつゐん》數名《めい》を選舉するときは(第十七條)投票數の最も多き者を以て殘任期《ざんにんき》の最も長き前任者の補闕と爲し其數相同きときは抽籤を以て其順序を定む

第廿六條　選舉掛は選舉錄《せんきよろく》を製《せい》して選舉の顛末《てんまつ》を記錄《きろく》し選舉を終りたる後之を朗讀《らうどく》し選舉人名簿其他關係書類を合綴《がふてつ》して之に署名《しよめい》す可し、投票は之を選舉錄に附屬《ふぞく》し選舉を結了《けつれう》するに至る迄之を保存《ほぞん》す可し

第二十七條　選擧《せんきよ》を終《をはり》たる後選擧掛長《かゝりちやう》は直《たゞち》に當選者《たうせんしや》に其當選の旨《むね》を告知《こくち》す可し其當選を辭《じ》せんとする者は五日以內に之を市長《しちやう》に申立《まをした》つ可し、一人にして數級《すきふ》又は數區《すうく》の選擧に當《あた》りたるときは同期限內《どうきげんない》何れの選擧に應《おう》す可きことを申立つ可し其期限內に之を申立てざる者は總《そう》て其選擧を辭《じ》する者となし第八條の處分《しよぶん》を爲可し

第二十八條　選擧人選擧の効力《かうりよく》に關して訴願《そぐわん》せんとするときは選擧の日より七日以內《いない》に之を市長に申立つるを得、(第三十五條第一項)市長は選擧を終《をは》りたる後之《のちこれ》を府縣知事《ふけんちじ》に報告《はうこく》し府縣知事に於て選擧の効力に關し異議《いぎ》あるときは訴願の有無《うむ》に拘《かゝ》はらす府縣參事會《さんじくわい》に付して處分《しよぶん》を行ふことを得、選擧の定規《ていき》に違背《ゐはい》することあるときは其選擧を取消《とりけし》し又被選擧人中其資格《そのしかく》の要件《えうけん》を有《いう》せさる者あるときは其人の當選を取消し更に選擧を行はしむ可し

第二十九條　當選者中其資格《しかく》の要件を有せさる者あることを發見《はつけん》し又は就職《しうしよく》後其要件を失ふ者あるときは其人の當選は効力を失ふ者《もの》とす其要件《そのえうけん》の有無《うむ》は市會之を議決す

第二款　職務權限及《しよくむけんげんおよ》ひ處務規程《しよむきてい》

第三十條　市會は其市を代表《だいへう》し此法律に準據《じゆんきよ》して市に關する一切の事件《じけん》並《ならび》に從前《じゆうぜん》特に委任《ゐにん》せられ又は將來法律勅令《しやうらいはふりつちよくれい》に依て委任《ゐにん》せらるゝ事件《じけん》を議決《ぎけつ》するものとす

第三十一條　市會の議決すへき事件《じけん》の概目《がいもく》左の如《ごと》し

一　市條例《しでうれい》及ひ規則《きそく》を設け並ひに改正《かいせい》する事

二　市費《しひ》を以て支辨《しべん》すへき事業《じげふ》但第七十四條に揭《かゝ》る事務は此限《このかぎり》にあらず

三　歲入出《さいにふしゆつ》豫算《よさん》を定め豫算外《よさんぐわい》の支出《ししゆつ》及豫算超過《よさんてうくわ》の支出を認定《にんてい》する事

四　決算報告《けつさんはうこく》を認定《にんてい》する事

五　法律勅令《はふりつちよくれい》に定るものを除《のぞく》の外《ほか》使用料《しようれう》手數料《てすうれう》市稅《しぜい》及ひ夫役現品《ふえきげんぴん》の賦課徵收《ふくわちやうしう》の法《はふ》を定む

る事

六　市有不動産《しいうふどうさん》の賣買《ばいくわい》交換《かうくわん》讓受《ゆづりう》け讓渡《ゆづりわた》し並《ならび》に質入《しちいれ》書入《かきいれ》を爲す事

七　基本財産《きほんざいさん》の處分《しよぶん》に關《くわん》する事

八　歳入出豫算《さいにふしゆつよさん》を以《もつ》て定《さだ》むるものを除《のぞ》くの外《ほか》新《あらた》に義務《ぎむ》の負擔《ふたん》を爲し及ひ權利《けんり》の棄却《きゝやく》を爲す事

九　市有《しいう》の財産《ざいさん》及《およ》ひ營造物《えいざうぶつ》の管理方法《くわんりはうはふ》を定《さだ》むる事

十　市吏員の身元保證金《みもとほしようきん》を徵《ちよう》し並に其金額を定むる事

十一　市に係る訴訟《そしよう》及《およ》ひ和解《わかい》に關する事

第三十二條　市會《しくわい》は法律勅令《はふりつちよくれい》に依り其職權《そのしよくけん》に屬《ぞく》する市吏員の選舉を行ふへし

第三十三條　市會は市の事務《じむ》に關する書類《しよるゐ》及《およ》ひ計算書《けいさんしよ》を撿閱《けんえつ》し市長の報告を請求《せいきう》して事務の管理《り》、議決《ぎけつ》の施行《しかう》並《ならび》に收入支出の正否《せいひ》を監査《かんさ》するの職權を有す、市會は市の公益《こうえき》に關する事件《じけん》に付《つき》意見書《いけんしよ》を監督官廳《かんとくくわんちやう》に差出《さしいだ》すことを得

第三十四條　市會は官廳の諮問《しもん》あるときは其意見《いけん》を陳述《ちんじゆつ》すべし

第三十五條　市住民及ひ公民《こうみん》たる權利の有無《うむ》、選舉權及ひ被選舉權の有無、選舉人名簿の正否並ひに其等級《そのとうきふ》の當否《たうひ》代理《だいり》を以て執行《しつかう》する選舉權（第十二條第二項）及ひ市會議員選舉の効力《かうりよく》（第二十八條）に關する訴願は市會之を裁決《さいけつ》す、市會の裁決に不服《ふふく》ある者は府縣參事會に訴願し其府縣參事會《さんじくわい》の裁決に不服ある者は行政裁判所《ぎやうせいさいばんしよ》に出訴《しゆつそ》することを得、本條の事件《じけん》に付《つい》ては市長よりも亦訴願《またそぐわん》及ひ訴訟《そしよう》を爲すことを得、本條《ほんでう》の訴願及ひ訴訟の爲めに其執行《しつかう》を停止《ていし》することを得す但《たゞ》し判決確定《はんけつくわくてい》するに非《あら》されは更《さら》に選舉を爲すことを得す

第三十六條　凡議員《およそぎゐん》たる者は選舉人の指示《しじ》若《もし》くは委囑《ゐぞく》を受くへからさるものとす

第三十七條　市會《しくわい》は毎曆年《まいれきねん》の初《はじめ》ゟ一周年《しうねん》を限《かぎ》り議長《ぎちやう》及び其代理者各《かく》一名を互選《ごせん》す

第三十八條　會議《くわいぎ》の事件《じけん》議長及び其父母《ふぼ》兄弟若《けいていもし》くは妻子《さいし》の一身上《しんじやう》に關する事あるときは議長に故障《こしやう》あるものとして其代理《だいり》者之れに代《かは》るべし」議長代理者共に故障あるときは市會は年長の議員《ぎゐん》を以て議長《ぎちやう》と爲すべし

第三十九條　市參事會員は會議《くわいぎ》に列席《れつせき》して議事を辨明《べんめい》することを得

第四十條　市會は會議の必要《ひつえう》ある毎《ごと》に議長之を招集《せうしふ》す若《も》し議員四分の一以上の請求《せいきう》あるとき又は市長若くは市參事會の請求あるときは必《かなら》ず之《これ》を招集《せうしう》す可し其招集並《そのせうしうならび》に會議《くわいぎ》の事件《じけん》を告知《こくち》するは急施《きふし》を要《えう》する場合《ばあひ》を除《のぞ》くの外少《ほかすくな》くも會議の三日前たる可し但市會の議決を以て豫《あらかじ》め會議日を定むるも妨《さまた》げなし」市參事會員を市會の會議に招集するときも亦前項《またぜんこう》の例《れい》に依《よ》る

第四十一條　市會は議員三分の二以上出席《いじやうしゆつせき》するに非《あら》ざれば議決《ぎけつ》することを得ず但同一の議事に付招集再回《つきせうしうさいくわい》に至《いた》るも議員猶《なほ》三分の二に滿《みた》ざるときは此限《このけん》に在《あ》らず

第四十二條　市會の議決は可否《かひ》の多《た》數に依り之を定む可否同數なるときは再議《さいぎ》々決すべし若し猶同數《なほどうすう》なるときは議長《ぎちやう》の可否《かひ》する所に依る

第四十三條　議員は自己《じこ》及《およ》び其父母《そのふぼ》兄弟若《けいていもし》くは妻子《さいし》の一身上に關する事件に付ては市會の議決《ぎけつ》に加はることを得ず」議員の數此除名《そうこのじよめい》の爲めに減少《げんせう》して會議を開くの定數《ていすう》に滿《み》たさるときは府縣《ふけん》參事會市會に代《かはつ》て議決《ぎけつ》す

第四十四條　市會に於て市吏員の選擧を行ふときは其一名毎《めいごと》に匿名投票《とくめいとうへう》を以て之を爲し有效投票《いうかうとうへう》の過半數《くわはんすう》を得る者を以て當選とす若し過半數を得る者なきときは最多《さいた》數を得る者二名を取《と》り之に就《つい》て更《さら》に投票《とうへう》せしむ若し最多數を得る者三名以上同數《いじやうどうすう》なるときは議長自ら抽籤《ちうせん》し其二名を取り更に投票せしむ此再投票《このさいとうへう》に於ても猶過半數《なほくわはんすう》を得る者なきときは抽籤を以て

當選《たうせん》を定む其他《そのた》は第二十二條、第二十三條、第二十四條、第一項《かう》を適用《てきやう》す前項《ぜんこう》の選擧には市會の議決《ぎけつ》を以て指名推選《しめいすゐせん》の法《はふ》を用《もち》ふることを得《う》

第四十五條　市會の會議は公開《こうかい》す但議長《ぎちやう》の意見《いけん》を以て傍聽《ばうちやう》を禁《きん》ずることを得

第四十六條　議長《ぎちやう》は各議員に事務《じむ》を分課《ぶんくわ》し會議及び選擧の事を總理《そうり》し開會閉會《かいくわいへいくわい》並《ならび》に延會《えんくわい》を命《めい》じ議場の秩序《ちつじよ》を保持《ほぢ》し若し傍聽者《ばうちやうしや》の公然賛成《こうぜんさんせい》又は擯斥《ひんせき》を表《へう》し又は喧擾《けんぜう》を起す者あるときは議長は之を議場外に退出《たいしゆつ》せしむることを得

第四十七條　市會は書記《しよき》をして議事錄《ぎじろく》を製《せい》して其議決《ぎけつ》及び選擧の顚末並《てんまつならび》に出席議員《しゆつせきぎゐん》の氏名《しめい》を記《き》錄《ろく》せしむ可し議事錄は會議の末《すゑ》之を朗讀《らうどく》し議長及び議員二名以上之に署名《しよめい》す可し、市會は議事錄の謄寫《とうしや》又は原書《げんしよ》を以て其議決を市長に報告す可し市會の書記は市會之を選任《せんにん》す

第四十八條　市會は其會議細則を設く可し其細則に違背《ゐはい》したる議員に科《くわ》す可き過怠金《くわたいきん》二圓以下の罰則《ばつそく》を設くることを得

第三章　市行政《しぎやうせい》

第一款《くわん》　市參事會及市吏員《しさんじくわいおよびしりゐん》の組織《そしき》選任《せんにん》

第四十九條　市に市參事會を置《お》き左《さ》の吏員《りゐん》を以て之を組織す

一　市長《しちやう》一名《めい》

二　助役《じよやく》東京《とうけい》は三名京都大坂は各二名其他《そのた》は一名

三　名譽職參事會員《めいよしよくさんじくわいゐん》東京は十二名京都大坂は各九名其他は六名助役及び名譽職參事會員は市條例《しでうれい》を以て其定員《そのていゐん》を增減《ぞうげん》することを得

第五十條　市長は有給吏員《いうきふりゐん》と其任《そのにん》す期《き》は六年とし内務大臣《ないむだいじん》市會をして候補者《こうほしや》三名を推薦《すゐせん》せしめ上奏裁可《じやうそうさいか》を請ふ可し若し其裁可を得さるときは再推薦《さいすゐせん》を爲さしむ可し再推薦にして猶裁可

を得さるときは追て推薦《すゐせん》せしめ裁可《さいか》を得るに至るの間内務大臣は臨時《りんじ》代理者を選任し又は市費《しひ》を以て官吏《くわんり》を派遣《はけん》し市長の職務を管掌《くわんしやう》せしむ可し

第五十一條　助役《じよやく》及ひ名譽職《めいよしよく》參事會員は市會之を選擧す其選擧は第四十四條に依《よつ》て行ふ可し但投票《とうへう》同數なるときは抽籤《ちうせん》の法に依らす府縣《ふけん》參事會之を決す可し

第五十二條　助役は有給吏員《いうきふりゐん》とし其任期《にんき》は六年とす、助役の選擧は府縣知事の認可《にんか》を受くることを要す若し其認可《にんか》を得さるときは再《さい》選擧を爲《ゐ》す可し再選擧にして猶其認可《にんか》を得さる時は追て選擧を行《おこな》ひ認可を得るに至るの間府縣知事は臨時《りんじ》代理者《だいりしや》を選任《せんにん》し又は市費《しひ》を以て官吏を派遣《はけん》し助役《じよやく》の職務を管掌《くわんしやう》せしむ可し

第五十三條　市長及ひ助役は其市《し》公民《こうみん》たる者に限らす但其任《そのにん》を受くるときは其公民《こうみん》たるの權を得

第五十四條　名譽職《めいよしよく》參事會員は其市公民中年齡滿《ねんれいまん》三十歲以上にして選擧權を有《いう》する者より之を選擧す其任期《にんき》は四年とす任期滿限《にんきまんけん》の後と雖も後任者就職《こうにんしやしうしよく》の日迄在職するものとす、名譽職參事會員は每二年其半數《はんすう》を改選《かいせん》す若し二分し難《かた》きときは初回《しよくわい》に於て多數《たすう》の一半を退任《たいにん》せしむ初回の退任者は抽籤《ちうせん》を以て之を定む但退任者《たいにんしや》は再選《さいせん》せらるゝことを得、若《も》し闕員《けつゐん》あるときは其殘任期《ざんにんき》を補充《ほじう》する爲め直に補闕《ほけつ》選擧を爲《ゐ》す可し

第五十五條　市長及ひ助役《じよやく》其他參事會員《さんじくわいゐん》は第十五條第二項《かう》に揭載《けいさい》する職を兼ぬることを得す同條第四項に揭載《けいさい》する者は名譽職《めいよしよく》參事會員に選擧《せんきよ》せらるゝことを得す、父子兄弟《ふしけいてい》たるの緣故《えんこ》ある者は同時に市參事會員たることを得す若し其緣故《えんこ》ある者市長の任《にん》を受くるときは其緣《そのえん》故《こ》ある市參事會員は其職を退《しりぞ》く可し其他は第十五條第五項《かう》を適用《てきやう》す、市長及ひ助役は三ケ月前に申立つるときは臨時退職を求《もと》むることを得此場合《ばあい》に於ては退隱料《たいゐんれう》を受くるの權を失

ふものとす

第五十六條　市長及ひ助役《じよやく》は他の有給《いうきふ》の職務を兼任《けんにん》し亦た株式《かぶしき》會社の社長及ひ重役《ちうやく》となることを得す其他の營業を府縣知事の認許《にんきよ》を得るに非されば之を爲すことを得す

第五十七條　名譽職參事會員の選擧《せんきよ》に付ては市參事會自《みづか》ら其效力《かうりよく》の有無《うむ》を議決《ぎけつ》す、當選者中其資格《しかく》の要件《えうけん》を有せさる者あることを發見《はつけん》し又は就職後《しうしよくご》其要件を失ふ者あるときは其人の當《たう》選《せん》は效力《かうりよく》を失ふものとす其要件の有無《うむ》は市參事會之を議決す其議決に不服《ふく》ある者は府縣參事會に訴願《そぐわん》し其府縣參事會の裁決《さいけつ》に不服ある者は行政《ぎやうせい》裁判處に出訴《しゆつそ》することを得其他は第三十五條末項《まつかう》を適用《てきよう》す

第五十八條　市に收入役《しうにふやく》一名を置く收入役は市參事會《しさんじくわい》の推薦《すゐせん》に依り市會之を選任《せんにん》す、收入役は市參事會員《しさんじくわいゐん》を兼ぬることを得す、收入役の選任は府縣知事の認可《にんか》を受くることを要す其他は第五十一條、第五十二條、第五十三條、第五十五條及ひ第七十六條を適用《てきやう》す、收入役《しうにふやく》は身元保證金《みもとほしやう》を出す可し

第五十九條　市に書記其他必要《ひつよう》の附屬員《ふぞくゐん》並に使丁《してい》を置き相當の給料《きうれう》を給す其人員《じんゐん》は市會の議決《ぎけつ》を以て之を定め市參事會《しさんじくわい》之を任用す

第六十條　凡《およそ》市は處務《しよむ》便宜《べんぎ》の爲め市參事會の意見《いけん》を以て之を數區《たうく》に分ち每區各長及ひ其代理者《だいりしや》各《かく》一名を置くことを得區長及ひ其代理者は名譽職《めいよしよく》とす但し東京京都大坂に於《おい》ては區長を有《いう》給吏員と爲ことを得、區長及ひ其代理者は市會に於て其區若《もし》くは隣區《りんく》の公民《こうみん》中選擧權を有する者より之を選擧す區會《くわい》（第百十三條）を設くる區に於ては其區會に於て之を選擧す但し東京京都大坂に於ては市參事會之を選任《せんにん》す、東京京都大坂に於ては前條《ぜんでう》に依《よ》り區に附屬員《ふぞくゐん》並に使丁《してい》を置《お》くことを得

第六十一條　市《し》は市會《しくわい》の議決《ぎけつ》に依り臨時《りんじ》又は常設《じやうせつ》の委員《ゐゝん》を置《おく》ことを得《う》其委員《そのゐゝん》は名譽職《めいよしよく》とす、委員は市參事會員《しさんじくわいゐん》又は市會議員を以て之に充《あ》て又は市參事會員及び市會議員を以て之を組織《そしき》し又《また》は會員議員と市公民中選擧權《しこうみんちうせんきよけん》を有《いう》する者とを以て之を組織し市參事會員一名を以て委員長とす、委員中市會議員より出つる者は市會之を選擧し選擧權を有する公民より出つる者は市參事會《しさんじくわい》之を選擧し其他の委員は市長之を選任《せんにん》す、常設委員《じやうせつゐゝん》の組織に關《くわん》しては市條例を以て別段《べつだん》の規定《きてい》を設くることを得

第六十二條　區長《くちやう》及び委員には職務取扱《しよくむとりあつか》ひの爲めに要《えう》する實費辨償《じつぴべんしやう》の外《ほか》市會の議決《ぎけつ》に依り勤務《きんむ》に相當《さうたう》する報酬《ほうしう》を給《きふ》することを得

第六十三條　市吏員は任期《にんき》滿限《まんげん》の後再選《のちさいせん》せらるゝことを得、市吏員及び使丁《してい》は別段《べつだん》の規約《きやく》あるものを除《のぞ》くの外隨時《ほかずゐじ》解職《かいしよく》することを得

第二款《だいにくわん》　市參事會及《しさんじくわいおよ》び市吏員の職務權限及び處務規程《しよむきてい》

第六十四條　市參事會は其市を統轄《とうかつ》し其行政事務を擔任《たんにん》す、市參事會の擔任する事務の概目《がいもく》左の如し

一　市會の議事を準備《じゆんび》し及び其議決を執行《しつかう》すること若し市會の議決其權限《けんぐ》を越《こ》え法律命令に背《そむ》き又は公衆《こうしう》の利《り》益を害《がい》すと認《みと》むるときは市參事會は自己の意見《いけん》に由り又は監督《かんとく》官廳《くわんちやう》の指揮《しき》に由り理由を示して議決の執行《しつかう》を停止《ていし》し之を再議せしめ猶《なほ》其議決を更《こ》めざるときは府縣《ふけん》參事會の裁決を請ふ可し其權限を越え又は法律勅令に背《そむ》くに依て議決《ぎけつ》の執行《しつかう》を停止《ていし》したる場合に於て府縣參事會の裁決に不服ある者は行政裁判所に出訴《しゆつそ》することを得

二　市の設置《せつち》に係《かゝは》る營造物《えいざうぶつ》を管理《くわんり》する事若し特《とく》に之が管理者あるときは其事務を監督す

る事

三 市《し》の歳入《さいにふ》を管理《くわんり》し歳入出豫算表《さいにふしゆつよさんへう》其他《そのた》市會《しくわい》の議決に依《よつ》て定《さだ》まりたる收入支出《しうにふしゝゆつ》を命令《めいれい》し會計及び出納《すいたふ》を監視《かんし》する事

四 市の權利《けんり》を保護《ほご》し市有財産《しいうざいさん》を管理《くわんり》する事

五 市吏員《しりいん》及び使丁《してい》を指揮監督《しきかんとく》し市長を除《のぞ》くの外《ほか》其他《そのた》に對《たい》し懲戒處分《ちやうかいしよぶん》を行ふ事其懲戒處分は譴責《けんせき》及び十圓以下の過怠金《くわたいきん》とす

六 市の諸證書《しよしようしよ》及び公文書類を保管《ほくわん》する事

七 外部《ぐわいぶ》に對《たい》して市を代表《たいへう》し市の名義《めいぎ》を以て其訴訟《そしよう》並《ならび》に和解《わかい》に關し又は他廳若くは人民と商議《しやうぎ》する事

八 法律《はふりつ》勅令《ちよくれい》に依り又は市會の議決に從《したがつ》て使用料《しようれう》、手數料、市稅及び夫役現品を賦課徵收《ふくわちやうしう》する事

九 其他《そのた》法律命令《はふりつめいれい》又は上司《じやうし》の指令《しれい》に依て市參事會に委任したる事務を處理《しより》する事

第六十五條 市參事會は議長又は其代理者《だいりしや》及び名譽職會員定員《めいよしよくくわいいんていゐん》三分の一以上出席《しゆつせき》するときは議決を爲すことを得、其議決は可否《かひ》の多數《たとう》に依り之れを定む可否同數《どうすう》なるときは議長の可否する所《ところ》に依る、議決の事件は之を議事錄《ぎじろく》に登記《とうき》す可し、市參事會の議決其權限を越《こ》え法律《はふりつ》命令《めいれい》に背《そむ》き又《また》は公衆《こうしう》の利益《りえき》を害《がい》すと認《みと》むるときは市長は自己の意見に由《よ》り又は監督官廳《かんとくくわんちやう》の指揮《しき》に由り理由《りいう》を示《しめ》して議決の執行《しつかう》を停止《ていし》し府縣參事會の裁決を請ふ可し其權限を越え又は法律勅令に背くに依て議決の執行を停止したる場合《ばあひ》に於て府縣參事會の裁決《さいけつ》に不服《ふふく》ある者は行政裁判所《ぎやうせいさいばんしよ》に出訴《しゆつそ》することを得

第六十六條 第四十三條の規定《きてい》は市參事會《しさんじくわい》にも亦《また》之を適用《てきよう》す但し同條《どうでう》の規定《きてい》に從ひ市參事會正《せい》

當《たう》の會議を開くことを得さるときは市會《しくわい》之に代て議決《ぎけつ》するものとす

第六十七條　市長《しちやう》は市政《しせい》一切《さい》の事務を指揮監督《しきかんとく》し處務の澁滯《しぶたい》なきことを務《つと》む可し市長は市參事會《しさんじくわい》の會を召集《せうしふ》し之か議長となる市長故障《しちやうこしやう》あるときは其代理者を以て之に充《あ》つ市長は市參事會の議事を準備《じゆんび》し其議決を執行《しつかう》し市參事會の名を以て文書《ぶんしよ》の往復《わうふく》を爲し及ひ之に署名《しよめい》す

第六十八條　急施《きふし》を要する場合《ばあひ》に於て市參事會を召集《せうしふ》するの暇《いとま》なきときは市長は市參事會《しさんじくわい》の議務を專決《せんけつ》處分し次回《じくわい》の會議に於て其處分を報告《はうこく》す可し

第六十九條　市參事會員《しさんじくわいゐん》は市長の職務《しよくむ》を補助《ほじよ》し市長故障《こしやう》あるときは之を代理す市長は市會《しくわい》の同意《どうい》を得て市參事會員をして市行政事務《しぎやうせいじむ》の一部を分掌《ぶんしやう》せしむることを得此場合に於ては名譽職《めいよしよく》會員は職務取扱《とりあつかひ》の爲に要する實費辨償《べんしやう》の外勤務《きんむ》に相當する報酬《はうしう》を受くることを得市條例《しでうれい》を以て助役《じよやく》及ひ名譽職《めいよしよく》會員の特別《とくべつ》なる職務並に市長代理《だいり》の順序《じゆんじよ》を規定す可し若し條例の規定なきときは府縣知事の定むる所に從《したが》ひ上席者之を代理《だいり》す可し

第七十條　市收入役は市の收入を受領《じゆれう》し其費用の支拂《しはらひ》を爲し其他會計《くわいけい》事務を掌《つかさど》る

第七十一條　書記《しよき》は市長に屬《ぞく》し庶務《しよむ》を分掌《ぶんしやう》す

第七十二條　區長及ひ其代理者（第六十條）は市參事會の機關《きくわん》となり其の指揮命令《しきめいれい》を受《う》けて區內に關《くわん》する市行政事務を補助執行《ほじよしつかう》するものとす

第七十三條　委員は（第六十一條）市參事會の監督《かんとく》に屬し市行政事務《しぎやうせいじむ》の一部を分掌《ぶんしやう》し又は營造物《えいざうぶつ》を管理《くわんり》し若くは監督し又は一時の托託を以て事務を處辨《しよべん》するものとす、市長は隨時《ずいじ》委員會《ゐいんくわい》に列席《れつせき》して議決に加はり其議長たるの權を有す常設委員の職務權限《しよくむけんげん》に關しては市條例を以て別段の規定を設くることを得

第七十四條　市長は法律命令《はふりつめいれい》に從ひ左の事務を管掌《くわんせう》す

一　司法警察補助官《しはふけいさつほじよくわん》たるの職務及ひ法律命令に依て其管理《くわんり》に屬する地方警察の事務但し別《べつ》に官署《くわんしよ》を設《まう》けて地方警察事務を管掌《くわんせう》せしむるときは此限《げん》に在らす

二　浦役場《うらやくば》の事務

三　國の行政並《ぎやうせいならび》に府縣の行政《ぎやうせい》にして市に屬《ぞく》する事務但し別に吏員《りゐん》の設けあるときは此限に在らず、右三項中の事務は監督官廳《かんとく、くわんちやう》の許可を得て之を市參事會員の一名に分《ぶ》掌せしむることを得、本條に掲載《けいさい》する事務を執行《しつかう》するが爲めに要《えう》する費用は市の負擔《かん》とす

第三款　給料及《およ》ひ給與《きふよ》

第七十五條　名譽職員《めいよしよくゐん》は此法律中別に規定《きてい》あるものを除《のぞ》くの外職務取扱ひの爲めに要する實費《じつぴ》の辨償《べんしやう》を受くることを得、實費辨償額及ひ報酬額《ほうしうがく》は、市會之を議決す

第七十六條　市長助役《じよやく》其他有給吏員《いうきうりゐん》及ひ使丁《してい》の給料額は市會の議決《ぎけつ》を以て之を定む、市會の議決を以て市長の給料額を定むるときは內務大臣の許可《きよか》を受くることを要《えう》す若《も》し之を許可す可からすと認《みと》むるときは內務大臣之を確定《くわくてい》す、市會の議決を以て助役の給料額《きふれうがく》を定むるときは府縣知事の許可《きよか》を受くることを要す府縣知事に於て之を許可す可からすと認《みと》むるときは府縣參事會の議決《ぎけつ》に付《ふ》して之れを確定《くわくてい》す、市長助役其他有給吏員《いうきうりゐん》の給料額は市條例を以て之を規定することを得

第七十七條　市條例の規定《きてい》を以て市長其他有給吏員《いうきうりゐん》の退隱料《たいゐんれう》を設くることを得

第七十八條　有給吏員の給料《きふれう》、退隱料《たいゐんれう》其他第七十五條に定むる給與《きふよ》に關《くわん》して異議《いぎ》あるときは關《くわん》係者《けいしや》の申立に依り府縣參事會之を裁決《さいけつ》す其府縣參事會の裁決に不服《ふく》ある者は行政《ぎやうせい》裁判所に出訴《しゆつそ》することを得

第七十九條　退隱料を受《う》くる者官職《くわんしよく》又は府縣郡市町村及び公共《こうきやう》組合の職務《しよくむ》に就《つ》き給料を受くるときは其間《あいだ》之を停止《ていし》し又は更《さら》に退隱料を受くるの權を得るとき其額《がく》舊退隱料《きうたいゐんれう》と同額《どうがく》以上なるときは舊退隱料《きうたいゐんれう》は之を廢止《はいし》す

第八十條　給料、退隱料、報酬及《はうしうおよ》び辨償《べんしやう》は總て市の負擔《ふたん》とす

第四章　市有財産《しいうざいさん》の管理《くわんり》

第一款　市有財産及び市税《しせい》

第八十一條　市は其不動産《ふどうさん》、積立金穀《つみたてきんこく》等を以て基本《きほん》財産と爲し之を維持《ゐぢ》するの義務あり、臨時《りんじ》に収入《しうにふ》したる金穀は基本財産《きほんざいさん》に加入《かにふ》す可し但し寄附金《きふきん》等寄附者其使用《しやう》の目的を定《さだ》むるものは此限《このかぎ》に在らす

第八十二條　凡《およそ》市有財産《しいうざいさん》は全市《ぜんし》の爲めに之を管理《くわんり》し及び共用するものとす但し特《とく》に民法上の權《けん》利を有する者あるときは此限に在らず

第八十三條　舊來《きうらい》の慣行《くわんかう》に依り市住民中特《とく》に其市有《しいう》の土地物件《とちぶつけん》を使用する權利を有《いう》する者あるときは市會の議決《ぎけつ》を經《ふ》るに非れば其舊慣《きうくわん》を改むることを得ず

第八十四條　市住民中《しぢうみんちう》特に市有《しいう》の土地物件を使用《しよう》する權利《けんり》を得んとする者あるときは市條例《しでうれい》の規程《きてい》に依り使用料若《も》くは一時の加入金を徴收《ちようしう》し又は使用料加入金を共に徴收《ちようしう》して之を許可することを得但特《とく》に民法上《みんぱうじやう》使用の權利を有する者は此限に在らす

第八十五條　使用權《しようけん》を有する者（第八十三條第八十四條）は使用の多寡《たくわ》に準《じゆん》じて其土地物件《ぶつけん》に係る必要《ひつえう》なる費用《ひよう》を分擔《ぶんたん》す可きものとす

第八十六條　市會は市の爲《た》めに必要《ひつえう》なる場合に於ては使用權《しようけん》（第八十三條、第八十四條）を取《と》り上け又は制限《せいげん》することを得《う》但し特《とく》に民法上使用《しよう》の權利《けんり》を有する者は此限に在らそ

第八十七條　市有財産《しいうざいさん》の賣却貸與《ばいきやくたいよ》又は建築《けんちく》工事及ひ物品調達《てうたつ》の請負《うけおひ》は公《おほや》けの入札に付すへし但《たゞし》臨時《りんじ》急施《きふし》を要するとき及ひ入札の價額《かがく》其費用に比して得失《とくしつ》相償《あひつぐの》はさるとき又は市會の認許《にんきよ》を得《う》るときは此限りに在らす

第八十八條　市は其必要《ひつえう》なる支出及ひ從前《じうぜん》法律命令《はふりつめいれい》に依つて賦課《ふくわ》せられ又は將來《しやうらい》法律《はふりつ》勅令《ちよくれい》に依て賦課《ふくわ》せらるゝ支出を負擔《ふたん》するの義務《ぎむ》あり、市は其財産より生する收入及ひ使用料《しようれう》手數料(第八十九條)並に科料過怠金《くわれうくわたいきん》其他法律勅令に依り市に屬《ぞく》する收入を以て前項の支出《しゝゆつ》に充《あ》て猶不足《ふそく》あるときは市稅(第九十條)及ひ夫役現品《ぶやくげんぴん》(第百一條)を賦課徵收《ふくわちようしう》することを得

第八十九條　市は其所有物及ひ營造物《えいざうぶつ》の使用《しよう》に付き又は特に數個人《すうこにん》の爲にする事業に付使用料又は手數料を徵收《ちようしう》することを得

第九十條　市稅として賦課《ふくわ》することを得へき目《もく》左の如し

一　國稅《こくぜい》府縣稅の附加稅《ふかぜい》

二　直接《ちよくせつ》又は間接《かんせつ》の特別稅、附加稅は直接《ちよくせつ》の國稅又は府縣稅に附加し均一《きんいつ》の率稅《ぜいりつ》を以て市の全部《ぜんぶ》より徵收《ちようしう》するを常例とす特別稅は附加稅《ふかぜい》の外別に市限り稅目を起《おこ》して課稅《くわぜい》することを要するときに賦課《ふくわ》徵收するものとす

第九十一條　此法律に規定《きてい》せる條項を除《のぞ》くの外使用《しよう》料手數料(第八十九條)特別稅(第九十條、第一項第二)及ひ從前の區町村費に關《くわん》する細則《さいそく》は市條例を以て之れを規定すへし其條例には科料《くわれう》一圓九十五錢以下の罰則《ばつそく》を設《まう》くることを得《う》、科料に處し及ひ之れを徵收《ちようしう》するは市參事會之を掌《つかさ》どる其の處分に不服《ふふく》あるものは令狀交付《れいじやうかうふ》後十四日以內に司法裁判所に出訴《しゆつそ》することを得

第九十二條　三ケ月以上市內に滯在《たいざい》するものは其の市稅《しぜい》を納《をさ》むるものとす但し其課稅《くわぜい》は滯在《たいざい》の初

めに遡《さかのぼ》り徴收《ちようしう》すべし

第九十三條　市內に住居《ぢうきよ》を搆《かま》へず又は三ケ月以上滯在《いじやうたいざい》することなしと雖《いへど》も市內に土地家屋《とちかをく》を所有《いう》し又ハ營業《えいげふ》をなすもの（店舗《てんぽ》を定《さだ》めさる行商《かうしやう》を除《のぞ》く）は其土地家屋營業若くは其所得に對《たい》して賦課《ふくわ》する市稅を納《おさ》むるものとす其法人たるときも亦同じ但し郵便電信及《いうびんでんしんおよ》び官設鐵道《くわんせつてつだう》の業《げふ》は此の限りに在らず

第九十四條　所得稅に附加稅《ふかぜい》を賦課《ふくわ》し及び市に於て特別《とくべつ》に所得稅を賦課せんとするときは納稅《なふぜい》者《しや》の市外《しぐわい》に於ける所有《しよいう》の土地家屋又たは營業（店舗《てんぽ》を定《さだ》めざる行商《かうしやう》を除《のぞ》く）より收入《しうにふ》する所得は之れを扣除《こうぢよ》すべきものとす

第九十五條　數市町村に住居《ぢうきよ》を搆《かま》へ又たは滯在《たいざい》するものに前條の市稅を賦課《ふくわ》するときは其の所得を各市町村に平分《へいぶん》し其の一部分《ぶぶん》にのみ課稅《くわぜい》す可し但し土地家屋又は營業より收入する所得ハ此限《このげん》に在らず

第九十六條　所得稅法第三條ニ揭《か》ぐる所得は市稅を免除《めんぢよ》す

第九十七條　左《さ》に揭《か》ぐる物件《ぶつけん》は市稅を免除す

一　政府、府縣郡市町村及ひ公共組合《こうきようくみあひ》に屬《ぞく》し直接《ちよくせつ》の公用《こうよう》に供《きよう》する土地、營造物及ひ家屋

二　社寺《しやじ》及官立公立の學校病院其他學藝《がくかうびやういんそのたがくげい》、美術及慈善《びじゆつおよびじぜん》の用《よう》に供《きやう》する土地、營造物及《えいざうぶつおよ》び家屋《かをく》

三　官有《くわんいう》の山林《さんりん》又は荒蕪地《くわうぶち》但《たゞ》し官有山林又《また》は荒蕪地の利益《りえき》に係《かゝ》る事業《じげふ》を起《おこ》し內務大臣及ひ大藏大臣の許可を得て其費用を徵收《ちようしう》するは此限に在らす、新開地及開墾地《しんかいちおよびかいこんち》は市條例に依り年月を限《かぎ》り免稅《めんぜい》することを得

第九十八條　前二條の外《ほか》市稅《しぜい》を免除《めんぢよ》す可きものは別段《べつだん》の法律勅令《ほうりつちよくれい》に定むる所に從ふ皇族《くわうぞく》に係《かゝ》る市稅の賦課《ふくわ》は追《おつ》て法律《はふりつ》勅令を以て定むる迄現今《までげんこん》の例《れい》に依る

第九十九條　數個人《すうこじん》に於て專ら使用《しよう》する所の營造物《えいざうぶつ》あるときは其修築及保存《しうちくおよびほぞん》の費用《ひよう》は之を其關係者《そのくわんけいしや》に賦課す可し市内の一區に於て專ら使用する營造物あるときは其區内《そのくない》に住居《ぢうきよ》し若《もし》くは滯在《たいざい》し又は土地家屋を所有し營業《えいげふ》（店舖を定めざる行商を除く）を爲す者に於て其修築及《そのしうちくおよ》び保存《ほぞん》の費用を負擔《ふたん》す可し但し其一區の所有財産《しよいうざいさん》あるときは其收入《しうにふ》を以て先《ま》づ其費用《ひよう》に充《あ》つ可《べ》し

第百條　市税は納税義務《なうぜいぎむ》の起《おこ》りたる翌月《よくげつ》の初《はじめ》より免税理由《めんぜいりいう》の生《しやう》じたる月の終迄月割《をはりまでつきわり》を以て之を徴收《ちやうしう》す可し會計年度中《くわいけいねんどちう》に於て納税義務《なうぜいぎむ》消滅《せうめつ》し又は變更《へんかう》するときは納税者《なふぜいしや》より之を市長に屆出づ可し其屆出《そのとゞけいで》を爲したる月の終迄《をはりまで》は從前《じゆぜん》の税を徴收することを得

第百一條　市公共の事業《じげふ》を起《おこ》し又は公共の安寧《あんねい》を維持《ゐぢ》するが爲《た》めに夫役《ぶやく》及び現品《げんぴん》を以て納税者に賦課することを得但し學藝美術及手工《がくげいびじゆつおよびしゆこう》に關する勞役《らうえき》を課する事を得ず、夫役及《ぶやくおよ》び現品は急迫《きうはく》の場合を除《のぞく》の外直接市税《ほかちよくせつしぜい》を準率《じゆんりつ》と爲且之を金額に算出《さんしゆつ》して賦課す可し夫役を課《くわ》せられたる者は其便宜《そのべんぎ》に從ひ本人自ら之に當り又は適當《てきたう》の代人を出《いだ》す事を得又急迫の場合を除《のぞ》くの外《ほか》金圓を以て之《これ》に代《か》ふることを得

第百二條　市に於て徴收《ちやうしう》する使用料《しようれう》、手數料《てすうれう》（第八十九條）市税（第九十條）夫役に代ふる金圓（第百一條）共有物使用料及び加入金《きよういうぶつしようれうおよびかにふきん》（第八十四條）其他市の收入《しうにふ》を定期内に納《おさ》めさるときは市參事會《しさんじくわい》之《これ》を督促《とくそく》し猶《なほ》之を完納《くわんなふ》せさるときは國税滯納處分法《こくぜいたいなふしよぶんはふ》に依り之《これ》を徴收すへし其督促を爲すには市條例《しでうれい》の規定《きてい》に依り手數料《てすうれう》を徴收することを得、納税者中無資力《なふぜいしやちうむしりよく》なる者あるときは市參事會の意見《いけん》を以て會計年度内に限《かぎ》り納税延期《なふぜいえんき》を許《ゆる》すことを得其年度を越《こ》ゆる場合《あひ》に於ては市會《しくわい》の議決《ぎけつ》に依る、本條に記載《きさい》する徴收金の追徴《ついちよう》、期滿得免及び先取特權《さきどりとくけん》に付ては國税《こくぜい》に關する規則《きそく》を適用《てきよう》す

第百三條　地租の附加税は地租《ちそ》の納税者《なふぜいしや》に賦課《ふくわ》し其他《そのた》土地《とち》に對《たい》して賦課《ふくわ》する市税《しぜい》は其の所有者又は使用者《しようしや》に賦課することを得

第百四條　市税《しぜい》の賦課に對《たい》する訴願《そぐわん》は賦課令狀《れいじやう》の交付《かうふ》後三ヶ月以内に之を市參事會《しさんじくわい》に申立可し此期限《このきげん》を經過《けいくわ》するときは其年度《そのねんど》内減税免税《ないげんぜいめんぜい》及び償還《しやうくわん》を請求《せいきう》するの權利を失ふものとす

第百五條　市税《しぜい》の賦課《ふくわ》及び市の營造物《えいざうぶつ》、市有財産並《しいうざいさんならび》に其所得を使用する權利《けんり》に關する訴願《そぐわん》は市參事會之を裁決《さいけつ》す但し民法《みんぱふ》上の權利に係《かゝ》るものは此限《このけん》に在らず

前項《ぜんかう》の裁決《さいけつ》に不服《ふふく》ある者は府縣參事會に訴願し其府縣參事會の裁決《さいけつ》に不服ある者は行政裁判所《ぎやうせいさいばんしよ》に出訴《しゆつそ》することを得本條の訴願及び訴訟《そしやう》の爲めに其處分《そのしよぶん》の執行《しつかう》を停止《ていし》することを得す

第百六條　市《し》に於《おい》て公債《こうさい》を募集《ぼしふ》するは從前《じうぜん》の公債減額《こうさいげんがく》を償還《しやうくわん》する爲め又は天災時變《てんさいじへん》等已むを得ざる支出若《ししゆつもし》くは市《し》の永久《えいきう》の利益《りゑき》となる可き支出を要するに方《あた》り通常《つうじやう》の歳入《さいにふ》を増加《ぞうか》するときは其市住民の負擔《ふたん》に堪へさるの場合《ばあひ》ま限《かぎ》るものとす市會ま於て公債募集《こうさいぼしふ》の事を議決《ぎけつ》するときは併《あは》せて其募集《そのぼしふ》の方法《はうはふ》、利息《りそく》の定率《ていりつ》及び償還《しやうくわん》の方法を定む可し償還の初期《しよき》は三年以内《いない》と爲し年々償還《ねんねんしやうくわん》の歩合を定め募集の時より三十年以内に還了《くわんれう》す可し定額豫算《ていがくよさん》内の支出《ししゆつ》を爲すが爲め必要《ひつえう》なる一時の借入金《しやくにふきん》は本條《ほんでう》の例《れい》よ據《よ》らず其年度内の收入を以て償還す可き者とす、但し此場合《このばあひ》に於ては市會《しくわい》の議決《ぎけつ》を要せす

第二欵　市《し》の歳入出豫算《さいにふしゆつよさん》及び決算《けつさん》

第百七條　市參事會《しさんじくわい》は每會計年度收入支出《まいくわいけいねんどしうにふししゆつ》の豫知《よち》し得可き金額を見積《みつも》り年度前二ヶ月を限り歳入出豫算表を調製《てうせい》す可し、但し市の會計年度は政府《せいふ》の會計年度よ同じ、内務大臣《ないむだいじん》は省令《しやうれい》を以て豫算表調製《よさんへうてうせい》の式《しき》を定《さだ》むることを得

第百八條　豫算表は會計年度前《くわいけいねんどぜん》市會《しくわい》の議決《ぎけつ》を取りこれを府縣知事に報告《はうこく》し並《ならび》に地方慣行《ちはうくわんかう》の方式

を以て其要領を公告《こうこく》す可し。豫算表《よさんへう》を市會に提出《ていしゆつ》するときは市參事會は併せて其市《そのし》の事務報告書及《ほうこくしよおよ》ひ財産明細表《ざいさんめいさいへう》を提出《ていしゆつ》す可し

第百九條　定額豫算外《ていがくよさんぐわい》の費用《ひよう》又ハ豫算《よさん》の不足あるときは市會の認定《にんてい》を得て之を支出することを得。定額豫算中臨時《ていがくよさんちうりんじ》の場合《ばあひ》に支出するか爲めに豫備費《よびひ》を置き市參事會は豫《あらかじ》め市會の認定《にんてい》を受けすして豫算外《よさんぐわい》の費用又は豫算超過《よさんてうくわ》の費用に充つることを得但し市會の否決《ひけつ》したる費途に充《み》つることを得す

第百十條　市會に於《おい》て豫算表《よさんへう》を議決《ぎけつ》したるときは市長より其謄寫《とうしや》を以て之れを收入役《しうにふやく》に交付《かうふ》す可し其豫算表中監督官廳《そのよさんへうちうかんとくくわんちやう》若くは參事會の許可《きよか》を受く可き事項《じかう》あるときは（第百二十一條より第百二十三條ニ至ル）先《ま》づ其許可を受く可し收入役《しうにふやく》は市參事會（第六十四條第二項第三）又は監督官廳《かんとくくわんちやう》の命令《めいれい》あるに非《あら》ざれば支拂《しはらひ》を爲すことを得す又收入役は市參事會の命令を受るも其支出豫算表中《ししゆつよさんへうちう》に豫定《よてい》なきか又は其命令第百九條の規定《きてい》に據《よ》らさる時《とき》は支拂《しはらひ》を爲す事を得す

前項の規定《きてい》に背《そむ》きたる支拂《しはらひ》は總《すべ》て收入役の責任《せきにん》に歸《き》す

第百十一條　市の出納《すいたふ》は毎月例日《れいじつ》を定《さだ》めて檢査《けんさ》し及《およ》ひ毎年少《まいねんすくな》くも一回臨時檢査《くわいりんじけんさ》を爲す可し例月檢査は市長又は其の代理者《だいりしや》之れを爲し臨時檢査《りんじけんさ》は市長又は其代理者の外市會の互選《ごせん》したる議員一名以上の立會《たちあひ》を要《えう》す

第百十二條　決算《けつさん》は會計年度《くわいけいねんど》の終《をはり》より三ケ月以内《いない》に之を結了《けつれう》し證書類《しようしよるゐ》を併《あは》せて收入役より之を市參事會に提出《ていしゆつ》し市參事會は之を審査《しんさ》し意見《いけん》を附して之を市會の認定《にんてい》に付す可し其市會の認定を經《へ》たるときは市長より之を府縣知事に報告《はうこく》す可し決算報告《けつさんはうこく》を爲すときは第卅八條及ひ第四十三條の例《れい》に準《じゆん》し市參事會員故障《こしやう》あるものとす

第五章　特別《とくべつ》の財産《ざいさん》を有する市區《しく》の行政《ぎやうせい》

第百十三條　市内の一區にして特別《とくべつ》に財産《ざいさん》を所有し若《もし》くは營造物を設《まう》け其區限り特に其費用《ひよう》（第九十九條）を負擔《ふたん》するときは府縣參事會は其市會の意見《ゐけん》を聞き條例を發行《はつかう》し財産《ざいさん》及ひ營造物に關《くわん》する事務の爲め區會を設《まう》くることを得《う》其會議《くわいぎ》は市會の例を適用《てきよう》することを得

第百十四條　前條に記載《きさい》する事務《じむ》は市の行政に關する規則《きそく》に依《より》市參事會之を管理《くわんり》す可し但區の出納《すゐたふ》及ひ會計の事務《じむ》は之を分別《ぶんべつ》す可し

第六章　市行政の監督《かんとく》

第百十五條　市行政ハ第一次に於て府縣知事之を監督《かんとく》し第二次に於て内務大臣之を監督す但《たゞし》法《はふ》律《りつ》に指定《してい》したる場合に於て府縣參事會の參與《さんよ》するは別段なりとす

第百十六條　此法律中《はふりつちう》別段の規定《きてい》ある場合を除《のぞ》くの外凡《およ》そ市の行政に關《くわん》する府縣知事若くは府縣參事會の處分若《もし》くは裁決に不服《ふく》ある者は内務大臣に訴願《そぐわん》することを得市の行政に關する訴願は處分書《しよぶんしよ》若くは裁決書《さいけつしよ》を交付《かうふ》し又は之を告知《こくち》したる日より十四日以内に其理由《りいう》を具して之を提出《ていしゆつ》す可し但し此法律中別《べつ》に期限《きげん》を定むるものは此限に在らす此法律中に指定《してい》する場合に於て府縣知事若《もし》くは府縣參事會の裁決に不服《ふく》ありて行政裁判所《ぎやうせいさいばん》に出訴《しゆつそ》せんとする者は裁決書《さいけつしよ》を交付し又は之を告知《こくち》したる日より廿一日以内に出訴す可し行政裁判所に出訴することを許《ゆる》したる場合に於ては内務大臣に訴願《そぐわん》することを得す訴願及《およ》ひ訴訟《そしやう》を提出するときは處分又は裁決《さいけつ》の執行《しつかう》を停止《ていし》す但し此法律中別に規定《きてい》あり又は當該官廳《たうがいくわんちやう》の意見《いけん》に依り其停止《ていし》の爲めに市の公益に害《がい》ありと爲すときは此限《このげん》に在らす

第百十七條　監督官廳《かんとくくわんちやう》は市行政の法律命令に背戻《はいれい》せさるや其事務錯亂澁滯《さくらんじふたい》せさるや否《いな》を監視《かんし》す可し監督官廳《かんとくくわんちやう》は之れか爲に行政事務に關して報告《はうこく》を爲《な》さしめ豫算《よさん》及ひ決算等の書類帳

務を徴《ちやう》し並に實地に就《つい》て事務の現況《げんきやう》を視察《しさつ》し出納《すゐたふ》を檢閲《けんえつ》するの權を有す

第百十八條　市に於て法律勅令《ちよくれい》に依て負擔《ふたん》し又は當該官廳《たうがいくわんてう》の職權に依て命令する所の支出《ししゆつ》を定額豫算《よさん》に載《の》せず又は臨時《りんじ》之を承認《しやうにん》せず又は實行せさるときは府縣知事は理由《りいう》を示して其支《し》出額《しゆつがく》を定額豫算表に加《くわ》へ又は臨時《りんじ》支出《ししゆつ》せしむ可し市に於て前項の處分に不服《ふふく》あるときは行政裁判所に出訴《しゆつそ》することを得

第百十九條　凡そ市會又は市參事會に於て議決《ぎけつ》す可き事件を議決《ぎけつ》せざるときは府縣參事會代つて之を議決す可し

第百二十條　内務大臣は市會を解散《かいさん》せしむることを得解散を命《めい》じたる場合《ばあひ》に於ては同時に三ヶ月以内更に議員《ぎいん》を改選《かいせん》す可き事を命ず可し但し改選市會《かいせんしくわい》の集會する迄は府縣參事會市會に代て一切《さい》の事件《じけん》を議決す

第百二十一條　左の事件に關《くわん》する市會の議決《けつ》は内務大臣の許可《きよか》を受くることを要《えう》す

一　市條例を設け並に改正《かいせい》する事

二　學藝、美術に關し又は歴史上貴重《れきしじやうきちよう》なる物品の賣却《ばいきやく》讓與《じやうよ》質入書入交換《かうくわん》若くは大なる變更《へんかう》を爲す事

前項第一の場合《ばあひ》に於ては勅裁《ちよくさい》を經《へ》て之を許可す可し

第百二十二條　左の事件《じけん》に關する市會の議決《ぎけつ》は内務大臣及び大藏大臣の許可を受ることを要す

一　新《あらた》に市の負債《ふさい》を起《おこ》し又は負債額を増加《ぞうか》し及び第百六條第二項の例に違《たが》ふもの但し償《しやう》還期限《くわんきげん》三年以内のものは此限に在らす

二　市特別税《しとくべつぜい》並に使用料、手數料を新設《しんせつ》し增額《ぞうがく》し又は變更《へんかう》する事

三　地租《ちそ》七分の一其他直接國税《ちよくせつこくぜい》百分の五十を超過《てうくわ》する附加税《ふかぜい》を賦課《ふか》する事

四 間接國稅《かんせつこくぜい》に附加稅《ふかぜい》を賦課《ふか》する事

五 法律勅令の規定《きてい》に依《よ》り官廳《くわんちやう》より補助《ほじよ》する步合金《ぶあひきん》に對《たい》し支出金額《しゆつきんがく》を定《さだ》むる事

第百二十三條 左の事件に關する市會の議決《ぎけつ》は府縣參事會の許可を受くることを要《えう》す

一 市《し》の營造物《えいざうぶつ》に關する規則《きそく》を設《まう》け並《ならび》に改正《かいせい》する事

二 基本財産《きほんざいさん》の處分《しよぶん》に關する事（第八十一條）

三 市有不動産《しいうふどうさん》の賣却讓與《ばいきやくじやうよ》並《ならび》に質入書入《しちいれかきいれ》を爲す事

四 各個人特《かくこじんとく》に使用《しよう》する市有土地使用法《しいうとちしようはふ》の變更《へんかう》を爲す事（第八十六條）

五 各種《かくしゆ》の保證《ほしよう》を與《あた》ふる事

六 法律勅令に依《よ》て負擔《ふたん》する義務《ぎむ》に非《あら》ずして向《むかふ》五ケ年以上に亘《わた》り新に市住民に負擔《ふたん》を課《くわ》する事

七 均一《きんいつ》の稅率《ぜいりつ》に據《よ》らずして國稅府縣稅《こくぜいふけんぜい》に附加《ふくわ》稅を賦課する事（第九十條第二項）

八 第九十九條に從ひ數個《こ》人《じん》又は市內の一區に費用《ひよう》を賦課する事

九 第百一條の準率《じゆんりつ》に據《よ》らずして夫役及《ふえきおよ》び現品《げんぴん》を賦課《くわ》する事

第百二十四條 府縣知事は市長、助役、市參事會員、委員《ゐゝん》、區長《くわちやう》、其他《そのた》市吏員《しりゐん》に對《たい》し懲戒處分《ちやうかいしよぶん》を行《おこな》ふことを得其懲戒處分は譴責《けんせき》及び過怠金《くわたいきん》とす、其過怠金は二十五圓以下とす、追て市吏員の懲戒法を設くる迄《まで》は左之區別《くべつ》に從《したが》ひ官吏懲戒例《くわんりちやうかいれい》を適用《てきよう》す可し

一 市參事會の懲戒處分（第六十四條第二項第五）に不服《ふふく》ある者は府縣知事に訴願《そぐわん》し府縣知事の裁決《さいけつ》に不服ある者は行政裁判所《ぎやうせいさいばんしよ》に出訴《しゆつそ》することを得

二 府縣知事の懲戒處分に不服ある者は行政裁判所に出訴することを得

三 本條第一項に揭載《けいさい》する市吏員職務に違《ちが》ふこと再三に及び又は其情狀《そのじやう》重《おも》き者又は情狀

を乱《みだ》り廉恥《れんち》を失《うしな》ふ者、財産《ざいさん》を浪費《らうひ》し其分《そのぶん》を守《まも》らざる者又は職務挙《しよくむあが》らざるものは懲戒《ちやうかい》裁判《さいばん》を以て其職を解《と》くことを得其隨時解職《ずいじかいしよく》することを得可きものとす（第六十二條）懲戒裁判を以てするの限《げん》に在《あ》らず總《すべ》て解職《かいしやく》せられたる者は自己《じこ》の所爲《しよゐ》に非《あら》ずして職務を執《と》るに堪《た》へざるが爲め解職《かいしよく》せられたる場合《ばあい》を除《のぞ》くの外退隱料《たいゐんれう》を受《う》るの權《けん》を失ふものとす

四　懲戒裁判と府縣知事其審問《しんもん》を爲し府縣參事會之を裁決す其裁決に不服《ふふく》ある者は行政裁判所に出訴する事を得、市長の解職《かいしよく》に係《かゝは》る裁決は上奏《じやうそう》して之を執行《しつかう》す、監督官廳は懲戒裁判の裁決前吏員の停職《ていしよく》を命《めい》じ並《ならび》に給料《きうれう》を停止する事を得

第百二十五條　市吏員及び使丁《してい》其職務《しよくむ》を盡《つく》さず又は權限《けんげん》を越たる事あるが爲め市に對して賠償《ばいしやう》す可きことあるときは府縣參事會之を裁決す其裁決に不服ある者は裁決書を交付《かうふ》し又は之を告知《こくち》したる日より七日以內に行政裁判所に出訴することを得但《たゞ》し出訴《しゆつそ》を爲したるときは府縣參事會は假《かり》に其財産《そのざいさん》を差押《さしおさ》ふることを得

第七章　附則《ふそく》

第百二十六條　此法律《このはうりつ》は明治二十二年四月一日より地方《ちはう》の情況《じやうきやう》を裁酌《さいしやく》し府縣知事の具申《ぐしん》に依り內務大臣指定《してい》する地に之を施行《しかう》す

第百二十七條　府縣《ふけん》參事會及び行政裁判所を開設《かいせつ》する迄の間《あひだ》府縣參事會の職務《しよくむ》は府縣知事行政裁判所の職務は內閣《ないかく》に於て之を行ふ可し

第百二十八條　此法律に依《よ》り初《はじめ》て議員を選擧《せんきよ》するに付市參事會及び市會の職務並に市條例を以て定《さだ》む可《べ》き事項は府縣知事又は其指命《そのしめい》する官吏《くわんり》に於て之を施行《しかう》す可し

第百二十九條　社寺《しやじ》宗教《しうけう》組合《くみあひ》に關しては此法律を適用《てきよう》せす現行《げんかう》の例規《れいき》及び其地の習慣《しふくわん》に從ふ

第百三十條　此法律中に記載《きさい》せる人口は最終《さいしう》の人口調査《てうさ》に依り現役軍人《げんえきぐんじん》を除《のぞ》きたる數を云ふ

第百三十一條　現行《げんこう》の租税中此法律に於て直接税《ちよくせつぜい》及は間接税《かんせつぜい》とす可き類別《るいべつ》は內務大臣及《およ》び大藏大臣之を告示す

第百三十二條　明治九年十月第百三十號布告各區町村金穀公借共有物《きんこくこうしやくきようゆうぶつ》取扱土木起功《きこう》規則、明治十一年七月第十七號布告郡區町村編制法《へんせいはふ》第四條、明治十七年五月第十四號布告區町村會法、明治十七年五月第十五號布告《ふこく》、明治十七年七月第二十三號布告、明治十八年八月第二十五號布告其他此法律に抵觸《ていしよく》する成規《せいき》は此法律施行《はふりつしかう》の日より總《すべ》て之を廢止《はいし》す

第百三十三條　內務大臣は此法律實行《じつかう》の責《せめ》に任《にん》じ之が爲め必要《ひつえう》なる命令《めいれい》及び訓令《くんれい》を發布す可し

町村制《ちやうそんせい》

第一章　總　則
第一款　町村及び其區域《くゐき》
第二款　町村住民《ぢうみん》及び其權利義務《けんりぎむ》
第三款　町村條例
第二章　町村會
第一款　組織《そしき》及び選擧《せんきよ》
第二款　職務權限《けんげん》及び處務規程《しよむきてい》
第三章　町村行政
第一款　町村吏員《りゐん》の組織選任《そしきせんにん》
第二款　町村吏員の職務權限《しよくむけんげん》
第三款　給料及び給與《きふよ》

第四章　町村有財産《いうざいさん》の管理《くわんり》
第一款　町村有財産《いうざいさん》及ひ町村税
第二款　町村の歳入出豫算《さいにふしゆつよさん》及ひ決算
第五章　町村内各部の行政
第六章　町村組合
第七章　町村行政《ぎやうせい》の監督《かんとく》
第八章　附　則

町村制

第一章　總　則

第一款　町村及ひ其區域《くゐき》

第一條　此法律は市制を施行《しかう》する地を除《のぞ》き總《すべ》て町村に施行するものとす

第二條　町村は法律上一個人《こじん》と均《ひと》しく權利《けんり》を有《いう》し義務を負擔《ふたん》し凡そ町村公共《こうきやう》の事務は官の監督《かんとく》を受けて自《みづか》ら之を處理《しより》するものとす

第三條　凡そ町村は從來《じうらい》の區域《くゐき》を存《そん》して之を變更《へんかう》せす但し將來《しやうらい》其變更《へんかう》を要《えう》するときあるときは此法律に準據《じゆんきよ》す可し

第四條　町村の廢置《はいち》分合《ぶんがふ》を要するときは關係《くわんけい》ある市町村會及ひ郡參事會《ぐんさんじくわい》の意見を聞き府縣參事會之を議決《ぎけつ》し內務大臣の許可《きよか》を受く可し町村境界《きやうかい》の變更《へんかう》を要するときは關係《くわんけい》ある町村會及ひ地主《ぢぬし》の意見《いけん》を聞き郡參事會之を議決《ぎけつ》す其數郡に涉《わた》り若くは市《し》の境界《きやうかい》に涉るものは府縣參事會之を議決《ぎけつ》す町村の資力《しりよく》法律《はふりつ》上の義務《ぎむ》を負擔するに堪《たへ》す又は公益上《こうえきじやう》の必要あるときは關係者の異議《いぎ》に拘《かゝは》らす町村を合併《がつぺい》し又は其境界《きやうかい》を變更《へんかう》することある可し、本條の處分《しよぶん》に付其

町村の財產處分《ざいさんしよぶん》を要《えう》するときは併《あは》せて之を議決《ぎけつ》す可し

第五條　町村の境界《きやうかい》ニ關する爭論《さうろん》は郡參事會之を裁決《さいけつ》す其數郡に涉《わた》り若くは市の境界《きやうかい》に涉るものは府縣參事會之を裁決す其郡參事會の裁決《さいけつ》に不服《ふゝく》ある者は府縣參事會ニ訴願《そぐわん》し其府縣參事會の裁決に不服ある者は行政裁判所に出訴《しゆつそ》することを得

第二欵　町村住民及《およ》び其權利義務《けんりぎむ》

第六條　凡そ町村內に住居《ぢうきよ》を占《し》むる者は總《すべ》て其町村住民とす、凡そ町村住民たる者は此法律に從《したが》ひ公共《こうきよう》の營造物並に町村有財產《いうざいさん》を共用するの權利《けんり》を有し及び町村の負擔《ふたん》を分任するの義務を有する者とす但し特《とく》に民法上の權利及び義務を有する者あるときは此限に在《あ》らず

第七條　凡《およ》そ帝國臣民にして公權《こうけん》を有する獨立《どくりつ》の男子《だんし》二年以來（一）町村の住民となり（二）其町村の負擔《ふたん》を分任《ぶんにん》し及び（三）其町村內に於て地租《ちそ》を納め若《もし》くば直接國稅年額《ちよくせつこくぜいねんがく》二圓以上を納むる者は其町村公民とす其公費《こうひ》を以て救助《きうじよ》を受けたる後二年を經《へ》さる者は此限に在らず但し場合《ばあひ》に依《よ》り町村會の議決を以て本條に定むる二ケ年の制限《せいげん》を特免《とくめん》することを得、此法律に於て獨立と稱するは滿二十五歲以上にして一戶を構《かま》へ且治產《ちさん》の禁《きん》を受《う》けさる者を云ふ

第八條　凡《およ》そ町村公民は町村の選擧に參與《さんよ》し町村の名譽職《めいよしよく》に選擧《せんきよ》せらるゝの權利あり又其名譽職を擔任《たんにん》するは町村公民の義務なりとす

左の理由《りいう》あるに非されば名譽職を拒辭《きよじ》し又《また》は任期《にんき》中退職《ちうたいしよく》することを得す

一　疾病《しつぺい》に罹《かゝ》り公務《こうむ》に堪《た》へさる者

二　營業《えいげふ》の爲めに常《つね》に其町村內に居ることを得さる者

三　年齡滿《ねんれいまん》六十歲以上《さいいじやう》の者

四　官職《くわんしよく》の爲めに町村の公務を執《と》ることを得さる者

五　四年間無給《むきふ》にして町村吏員の職《しよく》に任《にん》じ爾後《じご》四年を經過《けいくわ》せざる者及び六年間町村議員の職に居《お》り爾後六年を經過《けいくわ》せざる者

六　其他《そのた》町村會の議決《ぎけつ》に於て正當《せいたう》の理由《りゆう》ありと認《みと》むる者

前項の理由《りゆう》なくして名譽職を拒辭《きよじ》し又は任期中退職《にんきちうたいしよく》し若《もし》くは無任期《むにんき》の職務を少くも三年間擔當《たんたう》せず又は其職務を實際《じつさい》に執行《しつかう》せざる者は町村會の議決を以て三年以上六年以下其町村公民たるの權《けん》を停止《ていし》し且《かつ》同年期間《きかん》其負擔《そのふたん》す可き町村會の八分一乃至《ないし》四分一を増加《ぞうか》することを得、前項町村會の議決《ぎけつ》に不服《ふふく》ある者《もの》は郡參事會に訴願《そぐわん》し其郡參事會の裁決《さいけつ》に不服ある者は府縣參事會に訴願し其府縣參事會の裁決に不服ある者は行政裁判所に出訴することを得

第九條　町村公民たる者第七條に掲載《けいさい》する要件《ようけん》の一を失《うしな》ふときは其公民たるの權を失ふものとす、町村公民たる者身代限《ものしんだいかぎ》り處分中《しよぶんちう》又は公權剝奪《こうけんはくだつ》若《もし》くは停止《ていし》を附加《ふか》す可き重輕罪《ぢうけいざい》の爲め裁判上の訊問若《じんもんもし》くは勾留中《こうりうちうまた》又は租稅滯納處分中《そぜいたいなうしよぶんちう》は其公民たるの權を停止す、陸海軍《りくかいぐん》の現役《げんえき》に服する者は町村の公務に參與《さんよ》せざるものとす町村公民たる者《もの》に限《かぎ》りて任《にん》す可き職務《しよくむ》に在る者本條《ものほんでう》の場合《ばあひ》に當《あた》るときは其職務を解《と》く可きものとす

第三款　町村條例

第十條　町村の事務及び町村住民の權利義務に關《くわん》し此法律中に明文《めいぶん》なく又は特例《とくれい》を設《まう》くることを許《ゆる》せる事項は各町村に於て特に條例《てうれい》を設けて之れを規定《きてい》することを得、町村に於ては其町村の設置《せつち》にかゝる營造物《えいざうぶつ》に關し規則《きそく》を設くることを得、町村條例及び規則は法律命令に抵觸《しよく》することを得ず且《かつ》之を發行《はつかう》するときは地方慣行《ちはうくわんかう》の公告式《こうこくしき》に依る可し

第二章　町村會《ちやうそんくわい》

第一款　組織《そしき》及《およ》び選擧《せんきよ》

第十一條　町村會議員は其《その》町村の選擧人其被《せんきよにんそのひ》選擧權《せんきよけん》ある者より之を選擧す其定員《ていゐん》は其町村の人口に準《じゆん》じ左の割合《わりあひ》を以て之を定《さだ》む但《たゞ》し町村條例を以て特に之を增減《ぞうげん》することを得

一　人口千五百未滿《みまん》の町村に於ては議員八人

一　人口千五百以上《いじやう》五千未滿の町村に於ては議員《ぎゐん》十二人

一　人口五千以上一萬未滿の町村《ちやうそん》に於ては議員十八人

一　人口一萬以上二萬未滿の町村に於ては議員二十四人

一　人口二萬以上の町村に於ては議員《ぎゐん》三十人

第十二條　町村公民《こうみん》（第七條）之總《すべ》て選擧權を有《いう》す但し其公民權を停止《ていし》せらるゝ者（第八條第三項《かう》第九條第二項）及び陸海軍《りくかいぐん》の現役《げんえき》に服《ふく》する者は此限に在《あ》らず、凡《およ》そ內國人にして公權《こうけん》を有し直接《ちよくせつ》町村稅を納《をさ》むる者其額町村公民の最も多く納稅する者三名中の一人よりも多《おほ》き時《とき》は第七條の要件に當《あた》らずと雖《いへど》も選擧權を有す但《たゞ》し公民權を停止せらるゝ者及《およ》び陸海軍の現役に服《ふく》する者は此限に在らず法律に從て設立《せつりつ》したる會社其他法人《くわいしやそのたほふじん》にして前項の場合《ばあひ》に當る時《とき》も亦同《またおな》じ

第十三條　選擧人《せんきよにん》は分《わかつ》て二級《きふ》と爲す選擧人中直接町村稅《ちうちよくせつちやうそんぜい》の納額《なふがく》多き者を合せて選擧人全員の納《をさ》むる總額《そうがく》の半に當《あた》る可き者を一級とし爾餘《じよ》の選擧人を二級とす、一級二級の間納稅額兩に跨《またが》る者あるときは一級に入る可し亦兩級に間に同額《どうがく》の納稅《なふぜい》同二名以上あるときは其町村內に住居する年數の多《おほ》き者を以て一級に入る若し住居の年數に依り難きときは年齢を以てし年齢にも依り難《がた》きときは町村長抽籤《ちやうちうせん》を以て之を定む可し、選擧人每級各別に議員の半數を選擧す其被《ひ》選擧人は同級《どうきふ》內の者に限《かぎ》らず兩級に通じて選擧せらるゝことを得

第十四條　特別の事情《じじやう》ありて前條《ぜんでう》の例に依り難《がた》き町村に於ては町村條例を以て別に選擧の特例

を設《まう》くることを得

第十五條　選擧權《せんきよけん》を有《いう》する町村公民（第十二條第一項）は總《すべ》て被選擧權を有す

左に掲《かゝ》ぐる者は町村會議員たることを得ず

一　所屬府縣郡《しよぞくふけんぐん》の官吏《くわんり》

二　有給《いうきふ》の町村吏員《ちやうそんりゐん》

三　檢察官及《けんさつくわんおよ》び警察官吏《けいさつくわんり》

四　神官僧侶及《しんくわんそうりよ》び其他《そのた》諸宗教師《しよしうけうし》

五　小學校教員《せうがくかうけうゐん》

其他官吏にして當選《たうせん》し之れに應《おう》せんとするときは所屬長官《しよぞくちやうくわん》の許可《きよか》を受《う》く可し代言人《だいげんにん》に非《あら》ずして他人《たにん》の爲《た》めに裁判所又は其他の官廳《くわんちやう》に對《たい》して事を辨《べん》ずるを以て業《げふ》と爲す者は議員に選擧《せんきよ》せらるゝことを得ず父子兄弟《ふしけいてい》たるの緣故ある者は同時《どうじ》に町村會議員たる事を得ず其同時に選擧せられたるときは投票《とうへう》の數に依《よう》て其多《そのおほ》き者一人を當選とし若し同數なれば年《ねん》長者《ちやうしや》を當選《たうせん》とす其時を異《こと》にして選擧せられたる者は後者議員たることを得ず、町村長若しくは助役《じよやく》との間《あひ》だ父子兄弟たるの緣故ある者は之と同時に町村會議員たることを得ず若し議員との間に其緣故ある者町村長若くは助役《じよやく》に選擧せられ認可《にんか》を受くるときは其緣故ある議員は其職を退《しり》ぞく可し

第十六條　議員は名譽職《めいよしよく》とす其任期《そのにんき》は六年とし每三年各級《かくきふ》に於て其の半數《はんすう》を改選す若し各級の議員二分し難《がた》きときは初回《しよくわい》に於て多數《たすう》の一半を解任《かいにん》せしむ初回に於て解任す可きものは抽籤を以て之れを定む、退任《たいにん》の議員は再選《さいせん》せらるゝことを得

第十七條　議員中闕員《けつゐん》あるときは每三年定期改選の時に至り同時に補闕選擧《ほけつせんきよ》を行ふ可し若し定《てい》

員三分の一以上闕員《けつゐん》ある時又たは町村會町村長若しくは郡長に於て臨時補闕《りんじほけつ》を必要《ひつえう》と認《みと》むるときは定期前《ていきぜん》と雖《いへど》も其補闕選擧《そのほけつせんきよ》を行ふ可し補闕議員は其前任者の殘任期間《ざんにんきかん》在職《ざいしよく》するものとす、定期改選《ていきかいせん》及補闕選擧とも前任者の選擧せられたる選擧等級《とうきふ》に從《したが》て之が選擧を行ふ可し

第十八條　町村長は選擧を行ふ毎《ごと》に其選擧前《ぜん》六十日を限《かぎ》り選擧原簿《げんぼ》を製《せい》し各選擧人の資格《しかく》を記載《さい》し此原簿《げんぼ》に據《より》て選擧人名簿を製す可し選擧人名簿は七日間町村役場《やくば》に於て之を關係者《くわんけい》の縱覽《じうらん》に供《きよう》す可し若し關係者に於て訴願《そぐわん》せんとすることあるときは同期限內《どうきげんない》に之を町村長に申立つ可し町村長は町村會の裁決《さいけつ》(第三十七條第一項)に依《よ》り名簿《めいぼ》を修正《しうせい》す可きときは選擧《せんきよ》前十日を限りて之に修正《しうせい》を加へて確定名簿《くわくていめいぼ》となし之に登錄《とうろく》せられざる者は何人たりとも選擧に關することを得ず、本條に依り確定したる名簿は當選を辭し若くは選擧の無効《むかう》となりたる場合《ばあひ》に於《おひ》て更《さら》に選擧を爲すときも亦之を適用《てきよう》す

第十九條　選擧を執行《しつかう》するときは町村長は選擧の場所日時《ばしよにちじ》を定め及び選擧す可き議員の數を各級《かく》より分ち選擧前七日を限りて之を公告《こうこく》す可し、各級《かくきふ》に於《おい》て選擧を行ふの順序《じゆんじよ》は先づ二級の選擧《せんきよ》を行《おこな》ひ次《つぎ》に一級の選擧を行ふ可し

第二十條　選擧掛は名譽職《めいよしよく》とし町村長に於て臨時《りんじ》に選擧人中より二名若くは四名を選任《せんにん》し町村長若くは其代理者は其掛長となり選擧會を開閉《かいへい》し其會場の取締《とりしまり》に任す

第二十一條　選擧開會中《かいくわいちう》は選擧人の外何人《ほかなにびと》たりとも選擧會場《くわいぢやう》に入ることを得ず選擧人は選擧會場に於《おい》て協議《けふぎ》又は勸誘《くわんいう》を爲《な》すことを得ず

第二十二條　選擧は投票《とうへう》を以て之を行《おこな》ふ投票には被選擧人の氏名を記し封緘《ふうかん》の上選擧人自ら掛長に差出《さしだ》す可し但し選擧人の氏名《しめい》は投票に記入《きにふ》することを得ず、選擧人投票を差出すときは自己の氏名及び住所《ぢうしよ》を掛長に申立《まうした》て掛長は選擧人名簿《めいぼ》に照《てら》して之を受け封緘の儘投票函《まゝとうへうばこ》

に投入《とうにふ》す可し但し投票函は投票を終る迄《まで》之を開《ひら》くことを得ず

第二十三條　投票《とうへう》に記載《きさい》の人員其選擧《じんゐんそのせんきよ》す可き定數《ていとう》に過《す》ぎ又は不足《ふそく》あるも其投票を無效とせず其定數《そのていとう》に過《す》ぐる者は末尾《まつび》より記載《きさい》したる人名《じんめい》を順次《じゆんじ》に棄却《ききやく》す可し

左《さ》の投票《とうへう》は之を無效《むかう》とす

一　人名を記載《きさい》せず又は記載せる人名の讀《よ》み難《がた》きもの

二　被選擧人《ひせんきよにん》の何人《なにびと》たるを確認《くわくにん》し難きもの

三　被選擧權なき人名《じんめい》を記載《きさい》するもの

四　被選擧人氏名《いめい》の外他事《ほかたじ》を記入《きにふ》するもの

投票《とうへう》の受理並《じゆりならび》に效力に關する事項は選擧掛假に之を議決《ぎけつ》す可否同數《かひどうすう》なるときは掛長之《かゝりちやうこれ》を決《けつ》す

第二十四條　選擧《せんきよ》は選擧人自ら之《これ》を行ふ可し他人《たにん》に託《たく》して投票を差出《さしだ》すことを許《ゆる》さず、第十二條第二項に依り選擧權を有する者は代人を出して選擧を行ふことを得若し其獨立《そのどくりつ》の男子《だんし》に非《あら》ざる者又《また》は會社其他法人《くわいしやそのたはふじん》に係《かゝ》るときは必《かなら》ず代人《だいにん》を以てす可し其代人《そのだいにん》は內國人《ないこくじん》にして公權《こうけん》を有《いう》する獨立《どくりつ》の男子に限《かぎ》る但し一人にして數人《すにん》の代理《だいり》を爲すことを得ず且《かつ》代人は委任狀《ゐにんじやう》を選擧掛に示《しめ》して代理《だいり》の證《しやう》とす可し

第二十五條　町村の區域廣濶《くゐきくわうくわつ》なるとき又は人口稠密《じんこうちうみつ》なるときは町村會の議決に依り區畫《くくわく》を定《さだ》めて選擧分會を設くることを得但し特《とく》に二級《きふ》選擧人のみ此分會《このぶんくわい》を設《まう》くるも妨《さまた》げなし、分會の選擧掛《がいり》は町村長の選任《せんにん》したる代理者《だいりしや》を以て其長《きう》とし第二十條の例《れい》に依《よ》り掛員二名若《めいもし》くは四名《めい》を選任《せんにん》す、選擧分會《ぶんくわい》に於て爲したる投票は投票函《はこ》の儘《まゝ》本會に集《あつ》めて之を合算《がふさん》し總數《そうとう》を以て當選《たうせん》を定《さだ》む、選擧分會は本會と同日時之にを開《ひら》く可し其他《そのた》選擧の手續會場の取締《とりしまり》等總《すべ》て本會の例《れい》に依《よ》る

第二十六條　議員《ぎゐん》の選擧は有效《いうかう》投票の多數《たすう》を得《う》る者を以て當選《たうせん》とす投票の數相同《かずあひおなじ》きものは年長者《しや》を取り同年なるときは掛長《かゝりちやう》自《みづか》ら抽籤《ちうせん》して其當選《たうせん》を定《さだ》む、同時《どうじ》に補闕員數名《ほけつゐんすうめい》を選擧するときは(第十七條)投票數《とうへうすう》の最《もつと》も多《おほ》き者を以て殘任《ざんにん》期の最も長き前任者の補闕と爲し其數相同《おなじ》きときは抽籤《ちうせん》を以て其順序《じゆんじよ》を定《さだ》む

第二十七條　選擧掛は選擧錄《ろく》を製《せい》して選擧の顛末《てんまつ》を記錄《きろく》し選擧を終《おはり》たる後《のち》之を朗讀《らうどく》し選擧人名簿其他關係書類《くわんけいしよるゐ》を合綴《がうせつ》して之に署名《しよめい》す可し、投票之を選擧錄に附屬《ふぞく》し選擧を結了《けつれう》するに至る迄《まで》之を保存《ほぞん》す可し

第二十八條　選擧を終《をは》りたる後選擧掛長《のちせんきよがゝりちやう》は直に當選者《たうせんしや》に其當選の旨《むね》を告知《こくち》す可し其當選を辭せんとする者《もの》は五日以內に之を町村長に申立《まをした》つ可《べ》し、一人にして兩級《りやうきふ》の選擧に當りたるときは同期《どうき》限內何《げんないいづ》れの選擧に應《おう》ず可きことを申立《まをした》つ可し其期限內に之を申立てざる者は總て其選擧を辭《じ》する者となし第八條の處分《しよぶん》を爲す可し

第二十九條　選擧人選擧の效力《かうりよく》に關して訴願《そぐわん》せんとするときは選擧の日より七日以內に之を町村長に申立《まをした》つることを得(第三十七條第一項)「町村長は選擧を終りたる後之を郡長《さんちやう》に報告し郡長に於て選擧の効力に關し異議あるときは訴願《そぐわん》の有無《うむ》に拘《かゝは》らず郡參事會に付して處分を行ふ事を得選擧の定規《ていき》に違背《ゐはい》することあるときは其選擧を取消《とりけし》し又被選擧人中其資格《ひせんきよにんちうそのしかく》の要件《えうけん》を有《いう》せざる者あるときは其人の當選を取消し更《さら》に選擧を行はしむ可し

第三十條　當選者中其資格の要件を有せざる者あることを發見《はつけん》し又は就職後其要件《しうしよくごそのえうけん》を失《うしな》ふ者あるときは其人《そのひと》の當選は效力を失ふものとす其要件の有無は町村會之を議決す

第三十一條　小町村に於ては郡參事會《ぐんさんじくわい》の議決を經《へ》町村條例《でうれい》の規定《きてい》に依《よ》り町村會を設けず選擧權を有《いう》する町村公民《こうみん》の總會《そうくわい》を以《もつ》て之に充《あ》つることを得

第二款　職務權限《しよくむけんげん》及《およ》び處務《しよむ》規程《きてい》

第三十二條　町村會は其町村を代表《だいへう》し此法律に準據《じゆんきよ》して町村一切《さい》の事件並《じけんならび》に從前特《じうぜんとく》に委任《ゐにん》せられ又は將來《しやうらい》法律勅令に依《よつ》て委任せらるゝ事件《じけん》を議決するものとす

第三十三條　町村會の議決す可き事件の概目《がいもく》左の如し

一　町村條例及び規則《きそく》を設《まう》け並に改正する事

二　町村費を以《もつ》て支辨《しべん》す可き事業《じげふ》但《ただし》し第六十九條に揭《かゝ》ぐる事務《じむ》は此限に在らず

三　歲入出豫算《さいにうしゆつよさん》を定《さだ》め豫算外の支出及び豫算超過《よさんてうくわ》の支出《ししゆつ》を認定《にんてい》する事

四　決算報告《けつさんはうこく》を認定《にんてい》する事

五　法律勅令に定るものを除《のぞ》くの外使用料《ほかしようれう》、手數料《てすうれう》、町村稅及び夫役現品《ぶやくげんぴん》の賦課徵收《ふくわちやうしう》の法《はふ》を定むる事

六　町村有不動產《いうふどうさん》の賣買交換讓受讓渡《ばいばいかうくわんじやうじゆじやうと》並に質入書入をなす事

七　基本財產《きほんざいさん》の處分《しよぶん》に關《くわん》する事

八　歲入出豫算《さいにふしゆつよさん》を以て定るものを除《のぞ》くの外新《ほかあらた》に義務の負擔《ふたん》を為《な》し及び權利《けんり》の棄却《きやく》を為す事

九　町村有の財產及《ざいさんおよ》び營造物の管理方法《くわんりはふはう》を定むる事

十　町村吏員の身元保證金《みもとほしやうきん》を徵《ちやう》し並に其金額《がく》を定むる事

十一　町村に係《かゝ》る訴訟及び和解《わくわい》に關《くわん》する事

第三十四條　町村會は法律勅令に依り其職權《しよくけん》に屬《ぞく》する町村吏員の選舉を行ふ可し

第三十五條　町村會は町村の事務に關する書類及《しよるいおよ》び計算書《けいさんしよ》を檢閱《けんゑつ》し町村長の報告《ほうこく》を請求《せいきう》して事務の管理議決の施行並《しかうならび》に收入支出の正否《せいひ》を監査《かんさ》するの職權を有す町村會は町村の公益《こうえき》に關する事件《じけん》に付意見書《いけんしよ》を監督官廳《かんとくくわんちやう》に差出《さしいだ》す事を得

第三十六條　町村會は官廳《くわんちやう》の諮《し》問《もん》あるときは意見《いけん》を陳述《ちんじゆつ》す可《べ》し

第三十七條　町村住民《ちうみん》及ひ公民《こうみん》たる權利《けんり》の有無《うむ》、選擧權《せんきよけん》及被選擧權の有無選擧人名簿《めいぼ》の正否《せいひ》並《ならび》に其等級《そのとうきふ》の當否《たうひ》代理《だいり》を以て執行《しつかう》する選擧權（第十二條第二項）及ひ町村會議員選擧《ぎゐんせんきよ》の効力《かうりよく》（第廿九條）に關《くわん》する訴願《そぐわん》は町村會之を裁決《さいけつ》す、前項の訴願中町村住民及公民たる權利の有無並に選擧權の有無に關する者は參事會の設《まう》けなき町村ょ於《おい》ては町村長之《これ》を裁決《さいけつ》す、町村會若《も》しくは町村長の裁決に不服《ふふく》ある者は郡參事會《ぐんさんじくわい》に訴願《そぐわん》し其郡參事會の裁決に不服ある者は府縣參事會に訴願《そぐわん》し其府縣參事會の裁決に不服ある者ゑ行政裁判所《ぎやうせいさいばんしよ》に出訴することを得、本條《ほんでう》の事件《じけん》に付《つい》ては町村長よりも亦訴願及《またそぐわんおよ》ひ訴訟《そしやう》を爲すことを得本條《ほんでう》の訴願及ひ訴訟《そしやう》の爲に其執行《そのしつかう》を停止《ていし》することを得す但し判決確定《はんけつかくてい》するに非《あら》されば更《さら》に選擧を爲すことを得す

第三十八條　凡そ議員たる者ゑ選擧人の指示若《も》くは委囑《ゐぞく》を受く可からさるものとす

第三十九條　町村會は町村長を以《もつ》て其《その》議長とす若し町村長故障《こしやう》あるときは其代理《そのだいり》たる町村助役《じよやく》を以て之に充《あ》つ

第四十條　會議の事件議長及《じけんぎちやうおよ》ひ其父母兄弟《そのふぼけいてい》若《もし》くは妻子《さいし》の一身上《しんじやう》に關する事あるときは議長に故《こ》障《しやう》あるものとして其代理者《そのだいりしや》之に代る可し、議長代理者共《だいりしやとも》に故障《こしやう》あるときは町村會ゑ年長《ねんちやう》の議員《ぎゐん》を以《もつ》て議長と爲す可し

第四十一條　町村長及《およ》ひ助役《じよやく》ゑ會議《くわいぎ》に列席《れつせき》して議事を辨明《べんめい》することを得

第四十二條　町村會は會議の必要《ひつえう》ある毎《ごと》ょ議長之を招集《せうしふ》す若し議員四分の一以上の請求《せいきう》あるときは必《かなら》す之を招集《せうしふ》すへし其招集並ょ會議の事件《じけん》を告知《こくち》するは急施《きふし》を要する場合《ばあひ》を除《のぞ》くの外《ほか》少《すくな》くも開會《かいくわい》の三日前たる可し但し町村會の議決を以て豫《あらかじ》め會議日を定《さだ》むるも妨《さまた》げなし

第四十三條　町村會は議員三分の二以上出席《しゆつせき》するに非《あら》されば議決することを得す但し同一の議

事《じ》に付《つき》招集《せうしふ》再回《さいくわい》に至《いた》るも議員猶《なほ》三分の二に滿《み》たさるときは此限に非らす

第四十四條　町村會の議決《ぎけつ》は可否《かひ》の多數《たすう》に依り之を定む可否同數なるときは再議《さいぎ》々決《けつ》す可し若し猶同數《なほどうすう》なるときは議長の可否する所に依る

第四十五條　議員は自己《じこ》及ひ其父母兄弟《そのふぼけいてい》若くは妻子の一身上《しんじやう》に關する事件《じけん》に付《つき》ては町村會の議決《けつ》に加《くは》はることを得す、議員の數此除名《とうこのぢよめい》の爲めに減少《げんせう》して會議を開《ひら》くの定數《ていすう》に滿《み》たさるときは郡參事會町村會に代て議決す

第四十六條　町村會に於《おい》て町村吏員《りゐん》の選擧を行ふときは其一名毎《めいごと》に匿名投票《とくめいとうへう》を以て之を爲し有效投票《かうとうへう》の過半數《くわはんすう》を得る者を以て當選とす若し過半數を得る者なきときは最多數《さいたすう》を得る者二名《めい》を取《と》り之に就《つい》て更《さら》に投票せしむ若し最多數《さいたすう》を得る者三名以上同數《どうすう》なるときは議長自ら抽籤《せん》して其二名を取り更に投票せしむ此再投票に於ても猶過半數《なほくわはんすう》を得る者なきときは抽籤《ちうせん》を以て當選を定む其他は第二十二條、第二十三條、第二十四條第一項を適用《てきやう》す、前項の選擧《せんきよ》には町村會の議決《ぎけつ》を以て指名推選《しめいすゐせん》の法を用《もち》ふることを得

第四十七條　町村會の會議は公開《こうかい》す但し議長の意見《いけん》を以て傍聽《ばうちやう》を禁《きん》することを得

第四十八條　議長は各議員に事務《じむ》を分課《ぶんくわ》し會議及《および》選擧《せんきよ》の事を總理《そうり》し開會閉會《かいくわいへいくわい》並《ならび》に延會《えんくわい》を命《めい》じ議場の秩序《ちつじよ》を保持《ほぢ》す若し傍聽者《ばうちやうしや》の公然贊成《こうぜんさんせい》又は擯斥《ひんせき》を表《へう》し又は喧擾《けんぜう》を起《おこ》す者あるときは議長は之を議場外《ぎぢやうぐわい》に退出《たいしゆつ》せしむることを得

第四十九條　町村會は書記をして議事錄《ぎじろく》を製《せい》して其の議決及ひ選擧の顚末《てんまつ》並ひに出席議員の氏名《しめい》を記錄《きろく》せしむ可し議事錄は會議の末之《すゑこれ》を朗讀《らうどく》し議長及ひ議員二名以上之に署名す可し、町村會の書記《しよき》は議長之れを選任《せんにん》す

第五十條　町村會は其會議細則《さいそく》を設《まう》く可し其細則《そのさいそく》に違背《ゐはい》したる議員《ぎゐん》に科《くわ》す可き過怠金《くわたいきん》二圓以下《いか》

の罰則《ばつそく》を設《まう》くることを得

第五十一條　第三十二條より第四十九條に至るの規定は之《これ》を町村總會《とうそんそうくわい》に適用《てきよう》す

第三章　町村行政《ぎやうせい》

第一款　町村吏員《りゐん》の組織選任《そしきせんにん》

第五十二條　町村に町村長及《およ》び町村助役各《じよやくかく》一名《めい》を置《お》く可し但《たゞ》し町村條例《でうれい》を以《もつ》て助役《じよやく》の定員《ていゐん》を増《ぞう》加することを得

第五十三條　町村長及助役《およびじよやく》は町村會に於《おい》て其《そ》の町村公民中年齢滿《とうみんちうねんれいまん》三十歳以上《さいいじやう》にして選擧權《せんきよけん》を有する者《もの》より是《これ》を選擧《せんきよ》す、町村長及び助役《じよやく》は第十五條第二項《かう》に掲載《けいさい》する職を兼《か》ぬる事を得す父子兄弟《ふしけいてい》たるの縁故ある者《もの》は同時《どうじ》に町村長及び助役の職に在ることを得す若し其縁故《そのえんこ》ある者助役《ものじよやく》の選擧に當るときは其當選《たうせん》を取消《とりけ》し町村長の選擧に當りて認可《にんか》を得るときは其縁故ある助役《じよやく》は其職《そのしよく》を退く可し

第五十四條　町村長及び助役の任期《にんき》は四年とす、町村長及び助役の選擧は第四十六條に依《よう》て行ふ可し但《たゞ》し投票同數《とうへうどうすう》なるときは抽籤《ちうせん》の法に依らす郡《ぐん》參事會之を決《けつ》す可し

第五十五條　町村長及び助役《じよやく》は名譽職《めいよしよく》とす但《たゞ》し第五十六條の有給町村長及び有給助役は此限《このげん》に在らす町村長は職務取扱《しよくむとりあつか》ひの爲めに要《えう》する實費辨償《じつぴべんしやう》の外勤務《ほかきんむ》に相當する報酬を受くることを得助役《じよやく》にして行政事務《ぎやうせいじむ》の一部を分掌《ぶんしやう》する場合（第七十條第二項）に於ても亦同《またおな》じ

第五十六條　町村の情況《じやうきやう》に依り町村條例の規定《きてい》を以て町村長に給料を給することを得又大なる町村に於《おい》ては町村條例《でうれい》の規定《きてい》を以て助役《じよやく》一名を有給《いうきふ》吏員と爲すことを得、有給町村長及び有給助役は其町村公民《こうみん》たる者に限《かぎ》らす但し當選《たうせん》に應《おう》じ認可《にんか》を得るときは其公民たるの權を得

第五十七條　有給町村長及び有給助役《いうきふじよやく》は三ケ月前《ぜん》に申立《まをした》つるときは隨時退職《ずいじたいしよく》を求むることを得

此場合《ばあひ》に於ては退隱料《たいいんれう》を受くるの權《けん》を失ふ者とす

第五十八條　有給町村長及ひ有給助役《じよやく》は他《た》の有給の職務《しよくむ》を兼任《けんにん》し又は株式會社《かぶしきくわいしや》の社長及ひ重役《ぢうやく》となることを得す其他《そのた》の營業《えいげふ》は郡長《ぐんちやう》の認許《にんきよ》を得るに非されば之を爲すことを得す

第五十九條　町村長《ちやうそんちやう》及ひ助役《じよやく》の選擧は府縣知事の認可を受く可し

第六十條　府縣知事前條の認可《にんか》を與《あた》へざるときは府縣參事會の意見を聞くことを要す若し府縣參事會同意せざるも猶《なほ》府縣知事に於《おい》て認可《にんか》す可《べ》からずと爲すときは自己《じこ》の責任《せきにん》を以て之に認可《にんか》を與《あた》へざることを得、府縣知事の不認可《ふにんか》に對《たい》し町村長又は町村會に於《おい》て不服《ふふく》あるときは内務大臣に具申《ぐしん》して認可《にんか》を請《こ》ふことを得

第六十一條　町村長及び助役《じよやく》の選擧《せんきよ》其認可《そのにんか》を得ざるときは再選擧《さいせんきよ》を爲す可し、再選擧にして猶ほ其認可を得ざるときは追《おい》て選擧を行《おこな》ひ認可《にんか》を得るに至るの間《あいだ》認可の權《けん》ある監督官廳は臨《りん》時《じ》に代理《だいり》者《しや》を選任し又は町村費《ちやうそんひ》を以て官吏を派遣《はけん》し町村長及び助役の職務《しよくむ》を管掌《くわんしやう》せしむ可《べし》

第六十二條　町村に收入役《しうにふやく》一名を置く收入役は町村長の推薦《すゐせん》に依《よ》り町村會之れを選任《せんにん》す收入役は有給吏《いうきふり》員と爲し其任期《にんき》は四年とす收入役は町村長及び助役を兼《か》ぬることを得す其他第五十六條第二項第五十七條及び第七十六條を適用《てきよう》す、收入役の選任は郡長《ぐんちやう》の認可《にんか》を受く可し若《も》し認可を與《あた》へさるときは郡參事會の意《い》見《けん》を聞《き》くことを要《えう》す郡參事會之に同意《どうい》せざるも猶郡長に於て認可《にんか》す可からずと爲すときは自己《じこ》の責任《せきにん》を以て之れに認可を與《あた》へざることを得其他《そのた》第六十一條を適用《てきよう》す郡長の不認可《ふにんか》に對《たい》し町村長又は町村會に於て不服《ふふく》あるときは府縣知事に具申《ぐしん》して認可を請ふことを得、收入支出《しうにふしゆつ》の寡少《くわせう》なる町村に於ては郡長の許可を得て町村長又《また》は助役《じよやく》をして收入役《しうにふやく》の事務を兼掌《けんしやう》せしむることを得

第六十三條　町村に書記《しよき》其他《そのた》必要《ひつよう》の附屬員並《ふぞくゐんならび》に使丁《してい》を置《お》き相當の給料《きふれう》を給す其人員は町村會の

議決《ぎけつ》を以て之を定《さだ》む但《たゞ》し町村長に相當の書記《しよき》料《れう》を給與《きふよ》して書記の事務を委任《ゐにん》することを得
町村附屬員《ぞくゐん》は町村長の推薦《すゐせん》に依り町村會之を選任《せんにん》し使丁《してい》は町村長之を任用す

第六十四條　町村の區域廣濶《くゐきくわうくわつ》なるとき又は人口稠密《ちうみつ》なるときは處務《しよむ》便宜《べんぎ》の爲め町村會の議決に依り之を數區《すうく》に分ち毎區區長及ひ其代理者各一名を置くことを得《う》區長及ひ其代理《だいり》者各《しやかく》は名譽《めいよ》職《しよく》とす、區長及ひ其代理者は町村會に於て其町村の公民中選擧權《こうみんちうせんきよけん》を有する者より之を選擧す區會（第百十四條）を設《まう》くる區に於ては其區會《くゐくゐ》に於て之を選擧す

第六十五條　町村は町村會の議決に依り臨時《りんじ》又は常設《じやうせつ》の委員を置くことを得《う》其委員は名譽職とす、委員《ゐゝん》は町村會に於て町村會議員《ゐん》又は町村公民中選擧權を有する者より選擧し町村長又は其委任《ゐにん》を受けたる助役を以て委員長《ゐいんちやう》とす、常設委員の組織《そしき》に關《くわん》しては町村條例を以て別段の規定《きてい》を設《まう》くることを得

第六十六條　區長及ひ委員には職務取扱《しよくむとりあつかひ》ひの爲めに要する實費辨償《じつぴべんしやう》の外町村會の議決《ぎけつ》に依り勤《きん》務《む》に相當《さうたう》する報酬《はうしう》を給することを得

第六十七條　區長吏員《りゐん》は任期滿限《にんきまんげん》の後再選《のちさいせん》せらるゝことを得、町村吏員及ひ使丁《してい》は別段の規定《きてい》又は規約《きやく》あるものを除《のぞ》くの外隨時解職《ずゐじかいしよく》することを得

第二款　町村吏員《りゐん》の職務權限《しよくむけんげん》

第六十八條　町村長は其町村を統轄《とうかつ》し其行政事務《ぎやうせいじむ》を擔任《たんにん》す、町村長の擔任《たんにん》する事務の概目《がいもく》左の如し

一　町村會の議事《ぎじ》を準備《じゆんび》し及び其議決を執行《しつかう》する事若《も》し町村會の議決其權限《けんげん》を越《こ》え法律命令《めいれい》に背《そむ》き又は公衆《こうしゆう》の利益《りえき》を害すと認《みと》むるときは町村長は自己《じこ》の意見《いけん》に依り又は監《かん》督官廳《とくくわんちやう》の指揮《しき》に依り理由を示《しめ》して議決の執行《しつかう》を停止《ていし》し之れを再議《さいぎ》せしめ猶其議決《ぎけつ》

を更《あらた》めさるときは郡參事會の裁決《さいけつ》を請《こ》ふ可し其權限《けんげん》を越ゑ又は法律勅令に背《そむ》くに依て議決《ぎけつ》の執行《しつかう》を停止《ていし》したる場合に於《おい》て府縣參事會の裁決《さいけつ》に不服《ふふく》ある者は行政《ぎやうせい》裁判所に出訴《しゆつそ》することを得

二　町村の設置《せつち》に係る營造物《えいざうぶつ》を管理《くわんり》する事若し特《とく》に之が管理者あるときは其事務《じむ》を監督《かんとく》する事

三　町村の歲入《さいにふ》を管理《くわんり》し歲入出豫算表《よさんへう》其他町村會の議決《ぎけつ》に依て定まりたる收入支出《しうにふしゆつ》を命令《めいれい》し會計及ひ出納《すゐたふ》を監視《かんし》する事

四　町村の權利《けんり》を保護《ほご》し町村有の財產《ざいさん》を管理する事

五　町村吏員及《およ》ひ使丁《してい》を監督《かんとく》し懲戒處分《ちやうかいしよぶん》を行ふ事其懲戒處分は譴責及《けんせきおよ》ひ五圓以下の過怠金《くわたいきん》とす

六　町村の諸證書《しよしようしよ》及ひ公文書類《こうぶんしよるい》を保管《ほくわん》する事

七　外部《ぐわいぶ》に對《たい》して町村を代表《だいへう》し町村の名議を以て其訴訟《そのそしやう》幷和解《わかい》に關し又は他廳若《たちやうもし》くは人民と商議《しやうぎ》する事

八　法律勅令に依り又は町村會の議決《ぎけつ》に從《したが》て使用料、手數料、町村稅及ひ夫役現品《ぶやくけんぴん》を賦課《ふくわ》徵收《ちやうしう》する事

九　其他法律命令《はふりつめいれい》又は上司《じやうし》の指令に依て町村長に委任《ゐにん》したる事務《じむ》を處理《しより》する事

第六十九條　町村長は法律命令に從《したが》ひ左の事務《じむ》を管掌《くわんしやう》す

一　司法警察補助官《しはふけいさつほじよくわん》たるの職務及ひ法律命令に依て其管理《くわんり》に屬《ぞく》する地方警察《ちほうけいさつ》の事務但し別に官署《くわんしよ》を設けて地方警察事務を管掌《くわんしやう》せしむるときは此限《このかぎり》に在らす

二　浦役場《うらやくば》の事務《じむ》

三　國《くに》の行政《ぎやうせい》並《ならび》に府縣郡の行政《ぎやうせい》にして町村に屬《ぞく》する事務《じむ》但《たゞ》し別《べつ》に吏員《りゐん》の設《まう》けあるときは此限《このけん》に在《あ》らず

若《もし》三項中《かうちう》の事務《じむ》は監督官廳《かんとくくわんちやう》の許可《きよか》を得て之れを助役《じよやく》に分掌《ぶんしやう》せしむることを得」本條に掲載《けいさい》する事務《じむ》を執行《しつかう》するが爲《た》めに要《えう》する費用《ひよう》は町村の負擔《ふたん》とす

第七十條　町村助役は町村長の事務《じむ》を補助《ほじよ》す」町村長は町村會の同意《どうい》を得て助役をして町村行《ぎやう》政事務《せいじむ》の一部を分掌《ぶんしやう》せしむることを得」助役は町村長故障《こしやう》あるとき之を代理《だいり》す助役《じよやく》數名《すめい》あるときは上席者《じやうせきしや》之を代理す可し

第七十一條　町村收入役《しうにふやく》は町村の收入を受領《しうれう》し其費用《ひよう》の支拂《しはらひ》を爲し其他會計事務を掌る

第七十二條　書記は町村長に屬《ぞく》し庶務《しよむ》を分掌《ぶんしやう》す

第七十三條　區長及其代理者《だいりしや》は町村長の機關《きくわん》となり其指揮《しき》命令《めいれい》を受けて區内に關《くわん》する町村長の事務《じむ》を補助執行《ほじよしつかう》するものとす

第七十四條　委員《いゐん》(第六十五條)は町村行政事務《ぎやうせいじむ》の一部を分掌し又は營造物《えいざう》を管理《くわんり》し若くは監督《かんとく》し又は一時の委託《いたく》を以て事務を處辨《しよべん》するものとす

委員長《いゐん》と委員の議決《ぎけつ》に加《くは》はるの權を有す助役《じよやく》を以て委員長と爲す場合に於ても町村長は隨《ずゐ》時《じ》委員會に出席《しゆつせき》して其委員長と爲り並其議決《ぎけつ》に加はるゝの權を有す

常設《じやうせつ》委員の職務權限《しよくむけんげん》に關しては町村條例《でうれい》を以て別段の規定《きてい》を設くることを得

第三款　給料《きふれう》及給與《きふよ》

第七十五條　名譽職員《めいよしよくゐん》は此法律《このはふりつ》中別に規定《きてい》あるものを除《のぞ》くの外職務《しよくむ》取扱の爲めに要《えう》する實費《じつぴ》の辨償《べんしやう》を受くることを得

實費辨償額《じつぴべんしやうがく》、報酬額《はうしうがく》及書記料の額《がく》(第六十三條第一項)は町村會之を議決《ぎけつ》す

第七十六條　有給町村長有給助役《じよやく》其他有給吏員《りゐん》及使丁《してい》の給料額《がく》は町村會の議決《ぎけつ》を以て之を定む

町村會の議決《ぎけつ》を以て町村長及助役の給料額《きふれうがく》を定むるときは郡長《ぐんちやう》の許可《きよか》を受くることを要す

郡長に於《おい》て之を許可《きよか》す可からすと認《みと》むるときは郡參事會《ぐんさんじくわい》の議決に付して之を確定《くわくてい》す

第七十七條　町村條例《てうれい》の規定《きてい》を以て有給吏員《いうきふりゐん》の退隱料《たいゝんれう》を設《まう》くることを得

第七十八條　有給吏員の給料《きふれう》、退隱料其他第七十五條に定《さだ》むる給與《きふよ》に關して異議《いぎ》あるときは關係者の申立《まふしたて》に由り郡《ぐん》參事會之を裁決《さいけつ》す其郡參事會の裁決に不服《ふふく》ある者は府縣參事會に訴願《そぐわん》し其府縣參事會の裁決《さいけつ》に不服《ふふく》ある者は行政裁判所《ぎやうせいさいばんしよ》に出訴《しゆつそ》することを得

第七十九條　退隱料《たいゝんれう》を受くる者官職《くわんしよく》又は府縣郡《ぐん》市村町及公共組合《こうきやうくみあひ》の職務《しよくむ》に就《つ》き給料を受くるときは其間之を停止《ていし》し又は更《さら》に退隱料《たいゝんれう》を受くるの權《けん》を得るとき其額《そのがく》舊《きう》退隱料と同額《どうがく》以上なるときは舊退隱料《きうたいゝんれう》は之を廢止《はいし》す

第八十條　給料《きふれう》退隱料報酬《はうしう》及辨償《べんしやう》等は總《そべ》て村町の負擔《ふたん》とす

第四章　町村有財産《いうざいさん》の管理《くわんり》

第一款　町村有財産及町村稅《ちやうそんぜい》

第八十一條　町村は其不動產《ふどうさん》、積立金穀等《つみたてきんこくとう》を以て基本財産《きほんざいさん》と爲し之を維持《いぢ》するの義務あり

臨時《りんじ》に收入《しうにう》したる金穀《きんこく》は基本《きほん》財産に加入《かにう》すへし但寄附《きふ》金等《きんとう》寄附者其使用《しよう》の目的《もくてき》を定むるものは此限《このげん》に在らす

第八十二條　凡《およそ》町村有財産《ざいさん》は全《ぜん》町村の爲めに之を管理《くわんり》し及共用するものとす但《たゞし》特に民法上の權利を有する者あるときは此限《このかぎり》に在らす

第八十三條　舊來《きうらい》の慣行《くわんかう》に依り町村住民《ぢうみん》中特《とく》に其町村有の土地《とち》物件《ぶつけん》を使用《しよう》する權利《けんり》を有《いう》する者あるときは町村會の議決を經《ふ》るに非されは其舊慣《きうくわん》を改《あらた》むることを得す

第八十四條　町村《ちやうそん》住民《ぢうみん》中《ちう》特《とく》に其町村有の土地物件《とちぶつけん》を使用する權利《けんり》を得《え》んとする者あるときは町村《そん》條例の規定《きてい》に依《よ》り使用料《しようれう》若《もし》くは一時の加入金《かにふきん》を徴收《ちやうしう》し又は使用料加入金を共《とも》に徴收して之《これ》を許可《きよか》することを得但特《たゞしとく》に民法上使用《みんぽふじやうしよう》の權利を有する者は此限《このけん》に在《あ》らす

第八十五條　使用權《しようけん》を有《いう》する者（第八十三條第八十四條）は使用《しよう》の多寡《たくわ》に準《じゆん》して其土地物件《とちぶつけん》に係《かゝ》る必要《ひつえう》なる費用《ひよう》を分擔すへきものとす

第八十六條　町村會《ちやうそんくわい》は町村の爲めに必要《ひつえう》なる場合《ばあひ》に於《おい》ては使用權《しようけん》（第八十三條第八十四條）を取《とり》上《あ》け又は制限《せいげん》することを得但特《たゞしとく》に民法上使用《しよう》の權利を有《いう》する者は此限《このけん》に在《あ》らす

第八十七條　町村有財産《ちやうそんいうざいさん》の賣却貸與《ばいきやくたいよ》又は建築工事《けんちくこうじ》及び物品調達《ぶつぴんてうたつ》の請負《うけおひ》は公《おほや》けの入札《にふさつ》に付すへし但臨時《りんじ》急施《きうし》を要《えう》するとき及入札《およびにふさつ》の價額《かがく》其費用《そのひよう》に比《ひ》して得失相償《とくしつあひつくな》はさるとき又は町村會の認許《きよう》を得るときは此限《このけん》に在《あ》らす

第八十八條　町村《ちやうそん》は其必要《ひつえう》なる支出《しゝゆつ》及從前《じうぜん》法律命令に依《よ》て賦課《ふくわ》せられ又は將來《しやうらい》法律勅令に依《よ》て賦課せらるゝ支出を負擔《ふたん》するの義務《ぎむ》あり」町村は其財産《ざいさん》より生《せう》する收入及使用料《しようれう》、手數料《てすうれう》（第八十九條）並《ならび》に科料過怠金《くわれうくわたいきん》其他法律勅令に依り町村に屬《ぞく》する收入《しふにふ》を以て前項の支出《しゝゆつ》に充《み》て猶不足《なほふそく》あるときは町村税《ちやうそんぜい》（第九十條）及夫役現品《ふやくげんぴん》（第百一條）を賦課徴收《ふくわちやうしう》することを得

第八十九條　町村は其所有物《そのしよいうぶつ》及營造物《えいざうぶつ》の使用に付又は特《とく》に數個人《すうこじん》の爲めにする事業《じげふ》に付使用料《しようれう》又は手數料《てすうれう》を徴收《ちやうしう》することを得

第九十條　町村税《ちやうそんぜい》として賦課《ふくわ》することを得可《うべ》き目左《もくさ》の如し

一　國税府縣税《こくぜいふけんぜい》の附加税《ふかぜい》

二　直接《ちよくせつ》又は間接の特別税《とくべつぜい》

附加税《ふかぜい》は直接《ちよくせつ》の國税《こくぜい》又は府縣税に附加《ふか》し均《きん》一の税率《ぜいりつ》を以て町村の全部《ぜんぶ》より徴收《ちやうしう》するを常例《じやうれい》

とす特別税《とくべつぜい》は附加税《ふかぜい》の外別《べつ》に町村限り税目《ぜいもく》を起《おこ》して課税《くわぜい》することを要《よう》するとき賦課徴収《ふくわちやうしう》するものとす

第九十一條　此《この》法律に規定《きてい》せる條項《でうこう》を除《のぞ》くの外《ほか》使用料《しようれう》、手数料《てすうれう》（第八十九條）特別税《とくべつぜい》（第九十條第一項第二）及從前《じうぜん》の町村費《ちやうそんひ》に關する細則《さいそく》は町村條例を以《もつ》て之を規定《きてい》す可し其條例《そのでうれい》には科料《くわれう》一圓九十五錢以下《いか》の罰則《ばつそく》を設《まう》くることを得

科料《くわれう》に處《しよ》し及之を徵收《ちやうしう》するは町村長之を掌《つかさど》る其處分《しよぶん》に不服《ふふく》ある者は令狀交付後《れいじやうかうふご》十四日以內《いない》に司法裁判所《しほふさいばんしよ》に出訴《しゆつそ》することを得

第九十二條　三ケ月以上町村內《ちやうそんない》に滯在《たいざい》する者は其町村税《ぜい》を納《おさ》むるものとす但其課税《くわぜい》は滯在《たいざい》の初に遡《さかのぼ》り徵收《ちやうしう》すへし

第九十三條　町村內に住居《ぢうきよ》を構《かま》へす又は三ケ月以上滯在《たいざい》することなしと雖《いへど》も町村內に土地家屋《かおく》を所有し又は營業《えいぎやう》をなす者（店舗《てんぽ》を定《さだ》めさる行商《かうしやう》を除《のぞ》く）は其土地家屋營業若《かおくえいぎやうもし》くは其所得に對《たい》して賦課する町村税を納《おさ》むるものとす其法人《そのほふじん》たるときも亦同《またおな》し但郵便電信《たゞいうびんでんしん》及官設鐵道《せつてつどう》の業《ぎやう》は此限《このかぎり》に在らす

第九十四條　所得税《しよとくぜい》に附加税《ふかぜい》を賦課《ふくわ》し及町村に於て特別《とくべつ》に所得税《しよとくぜい》を賦課せんとするときは納税者の町村外に於《お》ける所有の土地《とち》家屋又は營業（店舗を定めさる行商《かうしやう》を除く）より收入《しうにふ》する所得は之を控除《こうぢよ》すへきものとす

第九十五條　數市町村《すうしちやうそん》に住居を構《かま》へ又は滯在《たいざい》する者に前條の町村税《ぜい》を賦課《ふくわ》するときは其所得を各市町村《かくし》に平分《へいぶん》し其一部分にのみ課税《くわぜい》すへし但土地《とち》家屋又は營業《えいげふ》より收入する所得は此限《かぎり》に在《あら》らす

第九十六條　所得税法第三條に掲《かゝ》くる所得は町村税を免除《めんじよ》す

第九十七條　左《さ》に掲《かゝ》ぐる物件《ぶつけん》は町村税を免除《めんぢよ》す

一　政府《せいふ》、府縣郡《ふけんぐん》市町村及公共組合《きやうくみあひ》に屬《ぞく》し直接《ちよくせつ》の公用に供する土地、營造物及家屋

二　社寺《しやじ》及官立《くわんりつ》公立の學校病院《がくかうびやうゐん》其他學藝《がくげい》、美術《びじゆつ》及慈善《じぜん》の用に供する土地、營造《えいざう》物及家屋

三　官有の山林《さんりん》又は荒蕪地《くわうぶち》但官有山林又は荒蕪地《くわうぶち》の利益《りえき》に係《かゝ》る事業を起《おこ》し内務大臣及大藏大臣の許可《きよか》を得て其費用《ひよう》を徴收《ちようしう》するは此限に在らす

新開地《しんかいち》及開墾地《かいこんち》は町村條例《でうれい》に依《よ》り年月を限《かぎ》り免税《めんぜい》することを得

第九十八條　前《ぜん》二條の外《ほか》町村税《ぜい》を免除《めんぢよ》す可きものは別段《べつたん》の法律勅令に定むる所に從《したが》ふ皇族《くわうぞく》に係る町村税の賦課《ふくわ》は追《おつ》て法律勅令《はふりつちよくれい》を以て定むる迄現今《げんこん》の例に依る

第九十九條　數個人《たうこじん》に於て專《もつぱ》ら使用《しよう》する所の營造《えいざう》物あるときは其修築《しうちく》及保存の費用《ひよう》は之を其關係者に賦課《ふくわ》すべし

町村内の一部に於て專《もつぱ》ら使用《しよう》する營造物《えいざうぶつ》あるときは其部内に住居《ぢうきよ》し若くは滯在《たいざい》し又は土地家屋を所有し營業（店舗《てんぽ》を定めさる行商《ぎやうしやう》を除《のぞ》く）を爲す者に於て其修築《しうちく》及保存の費用《ひよう》を負擔《ふたん》す可し但其一部の所有財產《しよいうざいさん》あるときは其收入を以て先つ其費用《ひよう》に充《あ》つべし

第百條　町村税《ぜい》は納税義務《のうぜいぎむ》の起《おこ》りたる翌月《よくげつ》の初《はじめ》より免税理由《めんぜいりゆう》の生《せう》したる月の終迄月割《をはりまでつきわり》を以て之を徴收《ちようしう》すべし

會計年度中《くわいけいねんどちう》に於て納税《なふぜい》義務消滅《せうめつ》し又は變更《へんかう》するときは納税者《なふぜいしよ》より之を町村長に届出《とゞけいで》つべし

其届出《そのとゞけいで》を爲《な》したる月の終迄《をはりまで》は從前《じうぜん》の税を徴收《ちようしう》することを得《う》

第百一條　町村公共《こうきやう》の事業を起《おこ》し又は公共の安寧《あんねい》を維持《ゐぢ》するか爲めに夫役《ふやく》及現品《げんひん》を以て納税者《なうぜいしや》に賦課《ふくわ》することを得《う》但學藝美術《がくげいびじゆつ》及手工《しゆこう》に關する勞役《らうえき》を課《くわ》することを得《え》す

夫役《ぶやく》及現品《げんぴん》は急迫《きふはく》の場合《ばあひ》を除《のぞ》くの外直接《ちよくせつ》町村税を準率《じゆんりつ》と爲《な》し且之を金額《きんがく》に算出《さんしゆつ》して賦課《ふくわ》す

可《べ》し
夫役《ぶやく》を課《くわ》せられたる者は其便宜《べんぎ》に從《したが》ひ本人自《みづか》ら之に當《あた》り又は適當《てきたう》の代人を出《いだ》すことを得《う》又急迫《きふはく》の場合《ばあひ》を除《のぞ》くの外金圓《はい》を以て之に代《か》ふることを得《う》

第百二條　町村に於《おい》て徴收《ちようしう》する使用料《しようれう》、手數料《てすうれう》（第八十九條）町村稅（第九十條）夫役《ぶやく》に代《か》ふる金圓《きんゑん》（第百一條）共有物使用料《きやういうぶつしようれう》及加入金《かにふきん》（第八十四條）其他《そのた》町村の收入《しうにふ》を定期內《ていきない》に納《をさ》めさるときは町村長は之を督促《とくそく》し猶《なほ》之を完納《くわんなふ》せさるときは國稅滯納處分法《たいなふしよぶんはふ》に依《よ》り之を徵收《ちようしう》すべし其督促《とくそく》を爲《な》すには町村條例の規定《きてい》に依《よ》り手數料《てすうれう》を徵收《ちようしう》することを得《う》
納稅者中無資力《なふぜいしやちうむしりよく》なる者あるときは町村長の意見《いけん》を以て會計年度內《くわいけいねんどない》に限り納稅延期《なふぜいえんき》を許《ゆる》すことを得《う》其年度を越《こ》ゆる場合《ばあひ》に於《おい》ては町村會の議決《ぎけつ》に依《よ》る
本條《ほんでう》に記載《きさい》する徵收金《ちようしふきん》の追徵《ついちよう》、期滿得免《きまんとくめん》及先取特權《せんしゆとくけん》に付ては國稅に關《くわん》する規則を適用《てきよう》す

第百三條　地租《ちそ》の附加稅《ふかぜい》は地租《ちそ》の納稅者に賦課《ふくわ》し其他土地《とち》に對《たい》して賦課《ふくわ》する町村稅は其所有者《そのしよいうしや》又は使用者《しようしや》に賦課《ふくわ》することを得《う》

第百四條　町村稅の賦課《ふくわ》に對《たい》する訴願《そぐわん》は賦課令狀《ふくわれいじやう》の交付《かうふ》後《ご》三ヶ月以內《いない》に之を町村長に申立《た》つ可《べ》し此期限《このきげん》を經過《けいくわ》するときは其年度內《そのねんどない》減稅免稅《げんぜいめんぜい》及償還《しやうくわん》を請求《せいきう》するの權利を失《うしな》ふものとす

第百五條　町村稅の賦課《ふくわ》及町村の營造物《えいぞうぶつ》町村有の財產並《ならび》其所得《しよとく》を使用する權利《けんり》に關する訴願《そぐわん》は町村長之を裁決《さいけつ》す但民法《みんぱう》上の權利に係《かゝ》るものは此限《このげん》に在《あ》らず
前項《ぜんかう》の裁決《さいけつ》に不服《ふゝく》ある者は郡參事會《ぐんさんじくわい》に訴願《そぐわん》し其郡《ぐん》參事會の裁決《さいけつ》に不服《ふゝく》あるものは府縣參事會に訴願《そぐわん》し其府縣參事會の裁決《さいけつ》に不服《ふふく》ある者は行政《ぎやうせい》裁判所に出訴《しゆつそ》することを得
本條の訴願《そぐわん》及訴訟《そしよう》の爲《た》めに其處分《しよぶん》の執行《しつかう》を停止《ていし》することを得す

第百六條　町村に於て公債《こうさい》を募集《ぼしう》するは從前《じうぜん》の公債《こうさい》元額を償還《しやうくわん》する爲め又は天災時《てんさいじ》變《へん》等《とう》已《や》むを

得さる支出若《しゆつもし》くは町村永久《えいきう》の利益《りえき》とある可き支出《しゆつ》を要《えう》するに方《あた》り通常《つうぜう》の歳入《さいにふ》を増加《ぞうか》するときは其《その》町村住民の負擔《ふたん》に堪《た》へさるの塲合《ばあひ》に限《かぎ》るものとす

町村會に於て公債募集《こうさいぼしふ》の事を議決《ぎけつ》するときは併《あは》せて其募集《そのぼしふ》の方法利息《はうくりそく》の定率《ていりつ》及償還《しやうくわん》の方法を定《さだ》むべし償還の初期《しよき》は三年以内《いない》と爲し年々償還の歩合《ぶあひ》を定め募集《ぼしふ》の時より三十年以内《いない》に還了《くわんりやう》す可し

定額豫算内《ていがくよさんない》の支出《しゆつ》を爲《な》すが爲め必要《ひつえう》なる一時の借入金《かりいれきん》は本條の例《れい》に依《よ》らす其年度内《ねんどない》の收入《しうにふ》を以て償還《しやうくわん》す可きものとす

第二款　町村の歳入出豫算及決算《さいにふしゆつよさんおよびけつさん》

第百七條　町村長は毎會計年度收入《しうにふ》支出の豫知《よち》し得可き金額《きんがく》を見積り年度前《ねんどぜん》二ヶ月を限《かぎ》り歳入出《しゆつ》豫算表《へう》を調製す可し但町村の會計年度《くわいけいねんど》は政府の會計年度《ねんど》に同し

内務《ないむ》大臣は省令《せうれい》を以て豫算《よさん》表調製の式《しき》を定《さだ》むることを得《う》

第百八條　豫算表《へう》は會計年度《ねんど》前町村會の議決《ぎけつ》を取《と》り之を郡長《ぐんちやう》に報告し幷《あはせ》地方慣行《くわんかう》の方式《はうしき》を以て其要領《えうれう》を公告《こうこく》す可し

豫算表《よさんへう》を町村會に提出《ていしゆつ》するときは町村長は併《あは》せて其町村事務《じむ》報告書及財産《ざいさん》明細表《へう》を提出す可し

第百九條　定額豫算《ていがくよさん》外の費用《ひよう》又は豫算の不足《ふそく》あるときは町村會の認定《にんてい》を得て之を支出《しゆつ》せることを得

定額《ていがく》豫算中臨時《りんじ》の塲合《ばあひ》に支出するか爲《た》めに豫備費《よび》を置き町村長は豫《あらかじ》め町村會の認定《にんてい》を受けすして豫算《よさん》外の費用《ひよう》又は豫算超過《てうくわ》の費用に充《あ》つることを得但町村會の否決《ひけつ》したる費途《ひと》に充つることを得す

第百十條　町村會に於て豫算表《よさんへう》を議決したるときは町村長より其謄寫《とうしや》を以て之《これ》を收入役に交付《かうふ》す可し其豫算《よさん》表中監督《かんとく》官廳若《もし》くは參事會の許可《きよか》を受く可き事項《じこう》あるときは（第百二十五條より第百二十七條に至る）先《ま》つ其許可《きよか》を受《う》く可し

收入役《しうにふやく》は町村長（第六十八條第二項第三）又は監督《かんとく》官廳の命令《めいれい》あるに非《あら》されは支拂《しはらひ》を爲《な》すことを得す又收入役《しふにふやく》は町村長の命令《めいれい》を受《う》くるも其支出《ししゆつ》豫算表中《ちう》に豫定《よてい》なきか又は其命令《めいれい》第百九條の規定《きてい》に依《よ》らざるときは支拂《しはらひ》を爲《な》すことを得す

前項《ぜんこう》の規定《きてい》に背《そむ》きたる支拂《しはらひ》は總《すべ》て收入役の責任《せきにん》に歸《き》す

第百十一條　町村の出納《しゆつなふ》は毎月《まいげつ》例日を定めて檢査《けんさ》し及毎年《まいねん》少くも一回臨時檢査《くわいりんじけんさ》を爲す可し例月《れいげつ》檢査は町村長又は其代理者《だいりしや》之を爲し臨時《りんじ》檢査《けんさ》は町村長又は其代理者の外《ほか》町村會の互選《ごせん》したる議員《ぎゐん》一名以上の立會を要《えう》す

第百十二條　決算《けつさん》は會計年度《ねんど》の終《をはり》より三ケ月以內《いない》に之を結了《けつれう》し證書類《るゐ》を併《あは》せて收入役より之を町村長に提出《ていしゆつ》し町村長は之を審査《しんさ》し意見を附《ふ》して之を町村會の認定《にんてい》に付す可し第六十二條第六項《かう》の塲合《ばあひ》に於ては前例《ぜんれい》に依り町村長より直《たゞち》に之を町村會に提出《ていしゆつ》す可し其町村會の認定《にんてい》を經たるときは町村長は之を郡長《ぐんちやう》に報告《はうこく》す可し

第百十三條　決算《けつさん》報告を爲《な》すときは第四十條の例《れい》に準《じゆん》して議長《ぎちやう》代理者共に故障《こしやう》あるものとす

第五款　町村內各部《かくぶ》の行政《ぎやうせい》

第百十四條　町村內《ない》の區（第六十四條）又は町村內の一部《いちぶ》若《もし》くは合併《がつぺい》町村（第四條）に於て別に其區域《くゐき》を存《そん》して一區を爲す者特別《とくべつ》に財產《ざいさん》を所有し若《もし》くは營造《えいざう》物を設《まう》け其一區限《かぎ》り特《とく》に其費用《ひよう》（第九十九條）を負擔《ふたん》するときは郡《ぐん》參事會は其町村會の意見《いけん》を聞き條例《でうれい》を發行し財產及營造《えいざう》物に關《くわん》する事務の爲め區《く》會又は區總會《くそうくわい》を設《まう》くることを得其會議《くわいぎ》は町村會の例《れい》を適用《てきよう》すること

とを得《う》

第百十五條　前條《ぜんでう》に記載《きさい》する事務は町村の行政《ぎやうせい》に關《くわ》んする規則《きそく》に依り町村長之を管理《くわんり》す可し但區の出納《すいのふ》及會計の事務《じむ》は之を分別《ぶんべつ》す可し

第六章　町村組合《くみあひ》

第百十六條　數町村の事務を共同《きやうどう》處分する爲め其協議《けうぎ》に依り監督《かんとく》官廳の許可《きよか》を得て其町村の組《くみ》合《あひ》を設《もう》くるとを得

法律《はふりつ》上の義務を負擔《ふたん》するに堪ふ可き資力《しりよく》を有《いう》せさる町村にして他《た》の町村と合併《がつぺい》（第四條）するの協議整《けふぎとゝの》はす又は其事情《じゞやう》に依り合併《がつぺい》を不便《ふべん》と爲すときは郡《ぐん》參事會の議決《ぎけつ》を以て數町村の組合《くみあひ》を設《もう》けしむることを得

第百十七條　町村組合《くみあひ》を設《もう》くるの協議《けふぎ》を爲すときは（第百十六條第一項）組合《くみあひ》會議の組織《そしき》、事務《じむ》の管理《くわんり》方法竝其費用《ひよう》の支辨《しべん》方法《はうはふ》を併《あは》せて規定す可し

前條《ぜんでう》第二項の場合《ばあひ》に於ては其關係《くわんけい》町村の協議《けふぎ》を以て組合《くみあい》費用の分擔《たん》法等其他必要《ひつえう》の事項を規定《きてい》す可し若し其協議整《けふぎとゝの》はさるときは郡參《ぐんさん》事會に於て之を定《さだ》む可し

第百十八條　町村組合《くみあひ》は監督官廳《くわん》の許可を得《う》るに非《あら》されは之を解《と》くことを得す

第七章　町村行政《ぎやうせい》の監督

第百十九條　町村の行政《ぎやうせい》は第一次に於《おい》て郡長之を監督《かんとく》し第二次に於て府縣知事之を監督《かんとく》し第三次に於て內務《ないむ》大臣之を監督《かんとく》す但法律に指定《してい》したる場合《ばあひ》に於て郡參《ぐんさん》事會及府縣參事會の參與《さんよ》するは別段《べつだん》なりとす

第百二十條　此法律中別段《べつだん》の規定《きてい》ある場合《ばあひ》を除《のぞ》くの外凡《およそ》町村の行政《ぎやうせい》に關する郡長若くは郡參事會の處分若《しよぶんもし》くは裁決《さいけつ》に不服ある者は府縣知事若《もし》くは府縣參事會に訴願《そぐわん》し其府縣知事若くは

府縣參事會の裁決《さいけつ》に不服《ふく》ある者《もの》は内務《ないむ》大臣《だいじん》に訴願《そぐわん》することを得
町村の行政《ぎやうせい》に關《くわん》する訴願《そぐわん》は處分書《しよぶんしよ》若《もし》くは裁決書《さいけつしよ》を交付し又は之を告知《こくち》したる日より十四日以内に其理由《りいう》を具《ぐ》して之を提出《ていしゆつ》す可し但《たゞし》此法律中別《べつ》に期限《きげん》を定《さだ》むるものは此限《かぎり》に在らす
此法律中に指定《してい》する場合《ばあひ》に於て府縣知事若《もし》くは府縣參事會の裁決《さいけつ》に不服ありて行政《ぎやうせい》裁判所よ出訴《しゆつそ》せんとする者《もの》は裁決書《さいけつしよ》を交付し又は之を告知《こくち》したる日より廿一日以内《いない》に出訴《しゆつそ》すべし
行政《ぎやうせい》裁判所よ出訴《しゆつそ》することを許《ゆる》したる場合《ばあひ》よ於ては内務《ないむ》大臣に訴願《そぐわん》することを得す
訴願《そぐわん》及訴訟《そしよう》を提出《ていしゆつ》するときは處分《しよぶん》又は裁決《さいけつ》の執行を停止《ていし》す但此法律中別《べつ》に規定《きてい》あり又は當《たう》該《がい》官廳の意見《いけん》に依《よ》り其停止《そのていし》の爲めに町村の公益《こうえき》よ害ありと爲すときは此限《かぎり》に在《あ》らす

第百二十一條　監督《かんとく》官廳は町村行政《ぎやうせい》の法律命令《めいれい》に背戾せさるや其事務《じむ》錯亂澁滯《さくらんしうたい》せさるや否《いな》を監《かん》視《し》すべし監督《かんとく》官廳は之が爲《た》めに行政事務《じむ》に關《くわん》して報告を爲《な》さしめ豫算《よさん》及決算《けつさん》等の書類《しよるゐ》帳簿を徵《とう》し並實地《じつち》に就《つい》て事務《じむ》の現況を視察《しさつ》し出納を檢閲《けみ》するの權《けん》を有す

第百二十二條　町村又は其組合《くみあひ》に於て法律勅令《はふりつちよくれい》に依て負擔《ふたん》し又は當該《たうがい》官廳の職權《しよくけん》に依て命令《めいれい》する所の支出《しゝゆつ》を定額豫算《ていがくよさん》に載《の》せす又は臨時《りんじ》之を承認《しようにん》せす又は實行《じつかう》せさるときは郡長《ぐんちやう》は理由《りいう》を示《しめ》して其支出《しゝゆつ》額を定額豫算表《ていがくよさんへう》に加《くは》へ又は臨時支出《りんじしゝゆつ》せしむ可し
町村又は其《その》組合に於て前項《ぜんこう》の處分《しよぶん》に不服《ふく》あるときは府縣參事會に訴願《そぐわん》し其府縣參事會の裁《さい》決《けつ》に不服《ふく》あるときは行政《ぎやうせい》裁判所に出訴《しゆつそ》することを得

第百二十三條　凡《およそ》町村會に於て議決《ぎけつ》す可き事件《じけん》を議決《ぎけつ》せざる時《とき》は郡參事會代て之を議決《ぎけつ》す可し

第百二十四條　内務大臣《だいじん》は町村會を解散《かいさん》せしむることを得《う》解散を命《めい》じたる場合《ばあひ》に於ては同時に三ヶ月以内更《さら》に議員《ぎゐん》を改選《かいせん》す可きことを命《めい》ず可し但改選《かいせん》町村會の集會する迄《まで》は郡參事會町村會に代て一切《さい》の事件を議決す

第百二十五條　左《さ》に事件《じけん》に關《くわん》する町村會の議決《ぎけつ》は内務大臣の許可《きよか》を受くることを要《えう》す

一　町村條例《でうれい》を設け幷改正《かいせい》する事

二　學藝《がくげい》美術に關《くわん》し又は歴史上貴重《きちやう》なる物品《ぶつぴん》の賣却讓與《じやうよ》質入書入交換《かうくわん》若くは大なる變更を爲す事

前項《ぜんかう》第一の場合《ばあひ》に於て人口一万《まん》以上の町村に係《かゝ》るときは勅裁《ちよくさい》を經《へ》て之を許可《きよか》す可し

第百二十六條　左《さ》の事件に關《くわん》する町村會の議決《ぎけつ》は内務大臣及大藏《おほくら》大臣の許可《きよか》を受ることを要《えう》す

一　新《あらた》に町村の負債《ふさい》を起《おこ》し又は負債《ふさい》額《がく》を増加《ぞうか》し及第百六條第二項《かう》の例に違《たが》ふもの但償還《しやうくわん》期限《きげん》三年以内のものは此限《このかぎり》に在らす

二　町村特別税《とくべつぜい》幷使用料手數料《てすうれう》を新設《しんせつ》し増額《ぞうがく》し又は變更《へんかう》する事

三　地租《ちそ》七分の一其他《た》直接國税《こくぜい》百分の五十を超過《てうくわ》する附加税を賦課する事

四　間接《かんせつ》國税に附加税《ふかぜい》を賦課《ふくわ》する事

五　法律《はふりつ》勅令の規定《きてい》に依り官廳《くわんちやう》より補助《ほじよ》する歩合金《ぶあひきん》に對し支出金額《がく》を定むる事

第百二十七條　左《さ》の事件に關《くわん》する町村會の議決《ぎけつ》は郡參事會の許可《きよか》を受くることを要す

一　町村の營造物《えいざうぶつ》に關《くわん》する規則を設《もう》け並改正する事

二　基本財産《きほんざいさん》の處分に關《くわん》する事（第八十一條）

三　町村有不動産《ふどうさん》の賣却讓與並質入《しちいれ》書入を爲す事

四　各個人特《かくこじんとく》に使用《しよう》する町村有土地《いうとち》使用法の變更《へんかう》を爲す事（第八十六條）

五　各種《かくしゆ》の保證《ほしやう》を與《あた》ふる事

六　法律《はふりつ》勅令に依て負擔《ふたん》する義務に非《あら》すして向《むかふ》五ケ年以上に亘《わた》り新に町村住民《じうみん》に負擔《ふたん》を課《くわ》する事

七　均一《きんいつ》の税率《ぜいりつ》に據《よ》らすして國税府縣《こくぜいふけん》税《ぜい》に附加税を賦課する事（第九十條第二項）

八　第九十九條に從《したが》ひ數個人《にん》又は町村内の一部に費用《ひよう》を賦課する事

九　第百一條の準率《じゆんりつ》に據《よ》らずして夫役《ぶやく》及現品《げんぴん》を賦課《ふくわ》する事

第百二十八條　府縣知事《ちじ》郡長は町村長、助役《じよやく》、委員、區長《くちやう》其他町村吏員《りゐん》に對し懲戒《ちようかい》處分を行ふことを得《う》其懲戒《ちようかい》處分は譴責《けんせき》及過怠金《くわたいきん》とす郡長の處分《しよぶん》に係る過怠《くわたい》金は拾圓以下《いか》府縣知事の處分《しよぶん》に係《かゝ》るものは二拾五圓以下《いか》とす

追《おつ》て町村吏員《りゐん》の懲戒法《ちやうかい》を設くる迄《まで》左の區別《くべつ》に從ひ官吏懲戒例《ちやうかいれい》を適用す可し

一　町村長の懲戒處分（第六十八條第二項第五）に不服《ふく》ある者《もの》は郡長に訴願し其郡長の裁《さい》決《けつ》に不服《ふく》ある者は府縣知事に訴願《そぐけん》し其府縣知事の裁決《さいけつ》に不服ある者は行政《ぎやうせい》裁判所に出訴《しゆつそ》することを得

二　郡長の懲戒處分《ちようかい》に不服《ふく》ある者は府縣知事に訴願《そぐわん》し府縣知事の懲刑《ちようかい》處分及び其裁決《さいけつ》に不服《ふく》ある者は行政《げうせい》裁判所に出訴《しゆつそ》することを得

三　本條第一項に揭載《けいさい》する町村吏員《りゐん》職務に違《たが》ふこと再三《さいさん》に及び又は其情狀重《じやうじやうおも》き者又は行狀を亂《みだ》り廉恥《れんち》を失《うしな》ふ者、財產《ざいさん》を浪費《らうひ》し其分を守《まも》らざる者又は職務《しよくむ》擧らさる者に懲戒《ちようかい》裁判を以て其職《そのしよく》を解《と》くことを得《う》其隨時解職することを得可《うべ》き者《もの》は（第六十七條）懲戒裁判を以《もつ》てするの限《かぎり》に在《あ》らず

四　總《すべ》て解職《かいしよく》せられたる者は自己《じこ》の所爲《しよゐ》に非《あら》ずして職務《しよくむ》を執《と》るに堪《た》へざるか爲め解職《かいしよく》せられたる場合《ばあひ》を除くの外退隱料を受《う》くるの權《けん》を失《うしな》ふものとす

懲戒《ちようかい》裁判は郡長其審問《しんもん》を爲し郡參事會之《これ》を裁決《さいけつ》す其裁決に不服ある者は府縣參事會に訴願《そぐわん》し其府縣參事會の裁決《さいけつ》に不服ある者は行政裁判所に出訴《しゆつそ》することを得

監督《かんとく》官廳は懲戒《ちやうかい》裁判の裁決《さいけつ》前吏員《りゐん》の停職を命《めい》し幷給料を停止《ていし》することを得

第百二十九條　町村吏員《りゐん》及使丁《してい》其職務《しよくむ》を盡《つく》さす又は權限《けんげん》を越えたる事あるか爲《た》め町村に對《たい》して賠償《ばいしやう》す可きことあるときは郡參事會之を裁決《さいけつ》す其裁決に不服《ふふく》ある者は裁決《さいけつ》書を交付《かうふ》し又は之を告知《こくち》したる日より七日以內に府縣參事會に訴願《そぐわん》し其府縣參事會の裁決《さいけつ》に不服ある者は行政《せい》裁判所に出訴《しゆつそ》することを得但出訴《しゆつそ》を爲したるときは郡參事會は假《かり》に其財產《ざいさん》を差押《さしおさ》ふることを得

第八章　附則《ふそく》

第百三十條　郡參《ぐんさん》事會府縣參事會及行政裁判所《さいばんしよ》を開設する迄《まで》の間郡參事會の職務《しよくむ》は郡長、府縣參事會の職務《しよくむ》は府縣知事《ちじ》行政裁判所《さいばんしよ》の職務は內閣《ないかく》に於て之を行《おこな》ふ可し

第百三十一條　此法律に依《よ》り初《はじめ》て議員を選擧《せんきよ》するに付《つき》町村長及町村會の職務並《ならび》に町村條例《ぜうれい》を以て定《さだ》む可き事項《じこう》は郡長又は其指命《しめい》する官吏《くわんり》に於て之を施行《しかう》す可し

第百三十二條　此《この》法律は北海道沖繩縣《ほくかいだうおきなはけん》其他勅令を以て指定《してい》する島嶼《たうしよ》に之を施行《しかう》せす別に勅令《ちよくれい》を以て其制《そのせい》を定《さだ》む

第百三十三條　前條の外《ほか》特別の事情《じじやう》ある地方《ちはう》に於ては町村會及町村長の具申《ぐしん》又は郡參事會《さんじくわい》の具申《しん》に依《よ》り勅令《ちよくれい》を以て此《この》法律中の條規《でうき》を中止《ちうし》することある可し

第百三十四條　社寺《しやじ》宗教《しうけう》の組合に關《くわん》しては此《この》法律を適用《てきよう》せす現行の例規《れいき》及其地の習慣《しうくわん》に從《したが》ふ

第百三十五條　此法律《はうりつ》中に記載《きさい》せる人口は最終《さいしう》の人口調査《てうさ》に依り現役《げんえき》軍人を除《のぞ》きたる數を云ふ

第百三十六條　現行《げんかう》の租稅《そぜい》中此法律に於て直接稅《ちよくせつ》又は間接稅《かんせつ》とす可き類別《るいべつ》は內務大臣及大藏《おほくら》大臣之を告示す

第百三十七條　此《この》法律は明治二十二年四月一日より地方《ちはう》の情況《じやうけう》を裁酌《さいしやく》し府縣知事の具申《ぐしん》に依《より》內

務大臣の指揮《しき》を以て之を施行《しかう》す可し

第百三十八條　明治九年十月第百三十號布告《ふこく》各區町村金穀公借共有《きんこくこうしやくきようゆう》物取扱土木起《き》功規則《こうきそく》、明治十一年七月第十七號布告《ふこく》郡區町村編制法《へんせいはふ》第六條及第九條但書《たゞし》、明治十七年五月第十四號布告《ふこく》區町村會法《くわいはふ》、明治十七年五月第十五號布告《ふこく》、明治十七年七月第二十三號布告、明治十八年八月第二十五號布告《ふこく》其他此《この》法律に抵觸《ていしよく》する成規《せいき》は此法律施行《しかう》の日より總《そべ》て之を廢止《はいし》す

第百三十九條　内務大臣《だいじん》は此《この》法律實行の責《せき》に任し之か爲め必要《ひつえう》なる命令《めいれい》及訓令を發布《はつぷ》す可し

市制《しせい》町村制理由《せいりいう》

本制《ほんせい》の旨趣《しゝゆ》は自治《じち》及分權《ぶんけん》の原則《げんそく》を實施《じつし》せんとするに在りて現今《げんこん》の情勢《じやうせい》に照《てら》し程度の宜《よろし》きに從《したが》ひ以て立法《りつはふ》上其端緒《たんしよ》を開《ひら》きたるものなり此法制《はふせい》を施行せんとするには必先《かならずま》つ地方自治の區を造成《ざうせい》せさる可からす地方《ちはう》の自治區《じちく》は特立《とくりつ》の組織《そしき》を爲し公法《こうはふ》民法の二者に於て共に一個《いつこ》人民と權利を同《おなじ》くし之か理事《りじ》者たるの機關《きくわん》を有するものあり其機關《きくわん》は法制の定《さだ》むる所に依《よつ》て組織《そしき》し自治体は卽ち之に依て其意想《ゐさう》を表發《へうはつ》し之を執行《しつかう》することを得るものとす故に自治區《じちく》は法人《はふじん》として財産《ざいさん》を所有《しよいう》し之を授受賣買《じゆじゆばいばい》し他人と契約《けいやく》を結ひ權利《けんり》を得義務を負《お》ひ又其區域《くゐき》内は自ら獨立《どくりつ》して之を統《とう》治《ち》するものなり然《しか》りと雖も其區域《くゐき》は素と國の一部分《ぶん》にして國の統轄《とうかつ》の下に於て其義務《ぎむ》を盡《つく》さゝるを得す故《ゆへ》に國は法律《はふりつ》を以て其組織《そしき》を定め其負擔《ふたん》の範圍を設《まう》け常に之を監督《かんとく》す可きものとす國内の人民各《じんみんおのく》其自治《じち》の團結《だんけつ》を爲し政府《せいふ》之を統一して其機軸《きぢく》を執るは國家の基礎《きそ》を鞏固《けうこ》にする所《ゆ》以《えん》なり國家の基礎《きそ》を固《かた》くせんとせば地方《ちはう》の區畫《くゝわ》を以て自治《じち》の機体と爲し以て其部内《ぶない》の利益《りえき》を負擔《たん》せしめさる可《べ》からす

現今《げんこん》の制は府縣の下郡區町村《もとぐんくちやうそん》あり區町村は稍自治《やゝじち》の体を存《そん》すと雖も未《いま》た完全《かんぜん》なる自治の制《せい》あるを見す郡の如きは全《まつた》く行政の區畫《くゝわ》たるに過きす府縣は素《も》と行政の區畫にして幾分《いくぶん》か自治の制《せい》を

兼《か》ね有《いう》せるか如しと雖も是亦全《これまたまつた》く自治の制《せい》ありと謂《い》ふ可からず今前述《ぜんじゆつ》の理由《りゆう》に依《よ》り此區畫を以《もつ》て悉《こと〴〵》く完全なる自治体《じちたい》と爲すを必要《ひつえう》なりとす卽《すなは》ち府縣郡市町村を以て三階級《かいきう》の自治体と爲《な》さんとす此《この》階級を設《まう》くるは分權《ぶんけん》の制を施《ほどこ》すに於ても亦《また》緊要なりとす蓋《けだし》自治區には其自治《じち》体共同《たいけうどう》の事務を任《まか》す可きのみならず一般《ぱん》の行政《げうせい》に屬する事と雖も全國《ぜんこく》の統治に必要《ひつえう》にして官府《くわんぷ》自ら處理《しより》すべきものを除《のぞ》くの外《ほか》之を地方に分任《ぶんにん》するを得策《とくさく》なりとす故に其町村の力《ちから》に堪《た》ゆる者は之を其負《そのふ》擔《たん》として其力に堪《たへ》さる者は之を郡《ぐん》に任し郡《ぐん》の力に及《およ》はさる者は之を府縣の負擔《ふたん》とす可し是階級《かいきう》の重複《ちようふく》するを厭《いと》はずして却《かへつ》て利益ありと爲《な》す所以《ゆゑん》なり

維新《ゐしん》の後政務を集攬《しふらん》して一に之を中央《ちうわう》の政府に統《す》へ地方官は各《おの〳〵》其職權ありと雖も政府の委任《ゐにん》に依《よつ》て代て事を處《しよ》するに過きず今地方の制度《せいど》を改《あらた》むるは則ち政府《せいふ》の事務を地方に分任《ぶんにん》し又人民をして之に參與《さんよ》せしめ以て政府《せいふ》の繁雜を省《はぶ》き併せて人民の本務《ほんむ》を盡さしめんとするに在り而《しか》して政府《せいふ》は政治の大綱《たいかう》を握り方針《はうしん》を授け國家統御《とうぎよ》の實を擧《あ》くるを得可く人民は自治《じち》の責任を分《わか》ち以て專《もつぱ》ら地方の公益《こうえき》を計るの心を起《おこ》すに至《いた》る可し蓋《けだ》し人民參政《さんせい》の思想發達するに從ひ之を利用《りよう》して地方《ちはう》の公事に練習《れんしふ》せしめ施政《しせい》の難易を知《し》らしめ漸《やうや》く國事に任《にん》するの實力《じつりよく》を養成せんとす是將《しやう》來立憲《りつけん》の制に於て國家百世の基礎《きそ》を立《た》つるの根源《こんげん》たり

故に分權《ぶんけん》の主義に依《よ》り行政事務を地方に分任《ぶんにん》し國民をして公同《こうどう》の事務を負擔《ふたん》せしめ以て自治の實《じつ》を全からしめんとするには技術《ぎじゆつ》專門の職若《しよくもし》くは常職として任《にん》す可き職務《しよくむ》を除くの外《ほか》概ね地方の人民をして名譽《めいよ》の爲め無給《むきう》にして其職《しよく》を執《と》らしむるを要《えう》す而して之を擔任《たんにん》するは其地方《ちはう》人民の義務と爲す是國民《こくみん》たる者國に盡《つく》すの本務《ほんむ》にして丁壯《ていさう》の兵役に服《ふく》すると原則《げんそく》を同し更《さら》に一歩を進《すゝ》むるものなり然《しか》れとも人民をして普《あまね》く此義務を帶《お》はしむるときは其任《にん》又輕《かろ》しと爲《な》さす故に一朝《てう》にして此制《せい》を實行《じつかう》せんとするは頗《すこぶ》る難事に屬《ぞく》すと雖も其目的《もくてき》たる國家永遠《えいゑん》の計《けい》に在りて効果《かうくわ》

を速成《そくせい》に期《き》せす漸次《ぜんじ》參政の道《みち》を擴張して公務《こうむ》に練《れん》熟せしめんとするに在り是を以て力《つと》めて多《おほ》く地方の名望《めいぼう》ある者を擧《あ》けて此任《このにん》に當らしめ其地位《ちゐ》を高《たか》くし待遇《たいぐう》を厚くし無用の勞費《らうひ》を負《お》はしめす倦怠《けんたい》の念を生《せう》せさらしむるときは漸《やうや》く其責任《せきにん》の重きを知り參政の名譽《めいよ》たるを辨《べん》するに至らんとす且《かつ》本邦舊來《きうらい》の制を考《かんが》ふるに無給《むきう》職にして町村の事務に任するの例《れい》あり各《かく》地方の習慣《しうくわん》固《もと》より一定《てい》なるに非す且維《ゐ》新《しん》後數次の變革《へんかく》に依て頗《すこぶ》る此習慣《しふくわん》を破《やぶ》りたりと雖も今日に及《およ》て之を襲用《しふよう》することと猶難《なほかた》からさる可し是此制《せい》を實施《じつし》するに方《あたつ》て多少の困難《こんなん》あるに拘《かゝは》らす漸次其目的《もくてき》を達《たつ》せん事を期《き》して疑《うたが》はざる所以《ゆえん》なり

然れとも他の一方より之《これ》を見《み》るときは又地方《ちはう》の情況《じやうけう》に依《よ》り多少《たせう》の酌量を加《くは》へさるを得さる者あり是を以て町村長は公選《こうせん》と爲《な》すと雖も其選擧《せんきよ》宜《よろし》きを得さるときは臨時官選《りんじくわんせん》を許し或《ある》は官吏《くわんり》を派《は》遣《けん》して其事務《じむ》を執《と》らしむるの例《れい》あり又島嶼《たうしよ》の地其他特別《とくべつ》の事情有て此制《このせい》を實施し難《かた》き地方には之を行《おこな》はざるを許《ゆる》すの例《れい》あり町村制（第六十一條、第百三十二條、第百三十三條）其他《た》十分《ぶん》に實地活用《くわつよう》の方を與《あた》へたれは各地の實況に照《てら》して之に應《おう》するの便《べん》あるを信す固《もと》より是等の法令《はふれい》は人民の情態《ぜうたい》に依《よ》り智識《ちしき》の度《ど》に應《おう》して宜きを取《と》らさるを得す徒《いたづら》に自治の理論《りろん》に據て俄に其《その》完備を求《もと》むるか如きは立法者《りつぱふしや》の愼重《しんちよう》を加ふ可き所なりとす是《これ》本制多少の斟酌《しんしやく》なきを得さる所以《ゆえん》なり

本制《ほんせい》を施行するに付ては漸《ぜん》を以て郡府縣《ふけん》の制度の改正に及《およ》はさるを得ざるものあり今其概略《がいりやく》を擧《あ》けれは郡《ぐん》に郡長を置《お》き府縣に府縣知事を置《お》き其撰任《せんにん》組織等固《もと》より舊《きう》の如くして之を改めすと雖も府縣會の外《ほか》新に郡會を開き府縣郡に各《かく》參事會を設《もう》けざるを得す然《しか》れとも是等の事は府縣郡《ふけんぐん》制《せい》の制定《てい》あるを待て始《はじ》めて定まる可き事にして今《いま》只之を以て本制《ほんせい》の參考《さんかう》に供するのみ

本制《ほんせい》に制定する市町《しちやう》村は其に最下級《さいかきう》の自治体にして市と云ひ町村《ちやうそん》と云ひ都鄙《とひ》の別に依て其名《な》を異《こと》にするに過きす其制度を立つるの原質《げんしつ》に至ては彼此《かれこれ》相異なる所なし元來《ぐわん》町と村とは人民生計《せいけい》

の情態《じやうたい》に於て其趣《おもむき》を同《おなじ》くせさるものありて細《こま》かに之を論《ろん》すれは均一《きんいつ》の準率《じゆんりつ》に依り難《がた》きものなきに非《あら》すと雖も本邦現今《ほんぽうけんこん》の状況《じやうけう》を察《さつ》し舊來の慣習《くわんしう》に依て之を考《かんが》ふるに都會輻湊《とくわいふくそう》の地を除《のぞ》くの外宿《しゆく》驛《えき》と稱し町と稱《しやう》するものの施政《しせい》の大体に於て村落《そんらく》と異同《いどう》あることなし故に今《いま》之を同一制度《どういつせいど》の下《もと》に立たしめんとす其施治《しち》の細目《さいもく》に至ては或《あるひ》は多少《たせう》の差異《さい》を見ることあるへしと雖も此等《これら》は制度《せいど》の範圍《はんゐ》内に於て執行者《しつかうしや》の處分斟酌宜《しよぶんしんしやくよろし》きを得ると知とに在るへきものとす然《しか》れとも都會《とくわい》の地に至りては大《おほい》に人情風俗《にんじやうふうぞく》を異《こと》にし經濟上《けいざいじやう》自ら差別《さべつ》あり故に之を分離《ぶんり》して別に市制《しせい》を立て機關《きくわん》の組織《そしき》及行政監督《ぎやうせいかんとく》の例《れい》を異にせり是固より町村制と其性質《せいしつ》を異にするに非す其市民の便益《べんえき》と實際《じつさい》の必《ひつ》要《えう》とに出て然《しか》らさるを得さるなり即《すなは》ち現行《げんかう》の區制《くせい》に繼續《けいぞく》する所のものなりと雖も從來《じうらい》の區は郡《ぐん》の疆域《けういき》を離《はな》れすして行政上別《ぎやうせいじやうべつ》に吏員を置き事務《じむ》を處理《しより》するに過ぎさりしも今改《あらた》めて獨立分離《どくりつぶんり》せしめ從來《じうらい》區の下に町ありしも之を改《あらた》めて市を最下級《さいかきう》の自治体《じちたい》と爲《な》さんとす而して三府市街の如きは其情況《じやうけう》又他の都會《とくわい》の地と同しからさるものあるを以て市制《しせい》中機關《きくわん》の組織《そしき》等に於て二三の特《とく》例《れい》を設《もう》くるものあり今此市制《いまこのしせい》を施行《しかう》せんとするものは三府其他人口《じんこう》凡二萬五千以上の市街地に在りとす尤郡制《もつともぐんせい》々定《てい》の時に至て其要件《えうけん》を確定《かくてい》することある可しと雖も今内務大臣《いまないむだいじん》の定むる所に從て之を施行せんとす區の名稱《めいしやう》を改《あらた》めて市と爲すは三府の如き一府内の區と混同《こんどう》するを避くるなり町村は通して其組織《そしき》を同す可きは前述《ぜんじゆつ》の如しと雖も其大小廣狹《だいせうくわうけう》に依り又は貧富繁閑《ひんぷはんかん》に依りて自ら事情を異《こと》にするものなきに非す故に或《あるひ》は一定の例規《れいき》を適用《てきよう》し難《がた》きものあり是亦酌量《しやくりやう》を加《くは》へ法律の範圍《はんゐ》を廣《ひろ》くして地方の便宜《べんぎ》を與《あた》へんとするなり（町村制第十一條、第十四條、第二十五條、第三十一條、第五十二條、第五十六條、第五十九條、第六十三條、第六十四條、第百三十三條）

市制町村制《しせいちやうそんせい》第一章　總則《そうそく》

凡《およそ》市町村は他の自治區《じちく》と同く二箇《こ》の元素《げんそ》を存《そん》せざる可からず即《すなは》ち疆土《けうど》と人民と是《これ》なり此《この》二者《しや》其

一《いち》を缺《か》くときは市町村の自治体《じちたい》を爲《な》すに足《た》らざるなり而《しか》して市町村の制度《せいど》は法律《はうりつ》を以て之を定《さだ》むと雖も或《あ》る界限內《かいげんない》に在て市町村に自主《じしゆ》の權を付與《ふよ》するものとす是《これ》を市町村の基礎《きそ》とす

第一欵《くわん》は市制町村制を執行《しかう》するの地《ち》を定《さだ》め（市制町村制第一條）法律上《はうりつじやう》市町村の性質《せいしつ》を明《あきら》にし（市制町村制第二條）次《つい》て第一元素《げんそ》たる疆土《けうど》に關《くわん》する條件を定《さだ》む（市制町村制自第三條至第五條）

第二欵《くわん》は第二元素《げんそ》に關《くわん》する條件、住民權公民權《じうみんけんこうみんけん》の得喪及《とくさうおよび》住民權公民權より生《せう》ずる權利義務《けんりぎむ》を規《き》定《てい》す（市制町村制自第六條至第九條）

第三欵《くわん》は市町村に付與《ふよ》する自主權《じしゆけん》の範圍《はんゐ》を示《しめ》す（市制町村制第十條）

第一欵《くわん》　市町村《しちやうそん》及其區域《くいき》

市町村の區域《くいき》は一方《ばう》に在ては國土《こくど》分畫《ぶんぐわ》の最下級《さいかきう》にして即《すなは》ち國《くに》の行政區畫《くくわ》たり一方《ばう》に在ては獨立《どくりつ》したる自治体《じちたい》の疆土《けうど》たり其疆土は自治体が公法上《こうはうじやう》の權利を執行《しつかう》し義務を踐行《せんかう》するの區域《くいき》なり故《ゆへ》に市町村の區域は從來《じうらい》の成立《なりたち》を存《そん》して之を變更《へんかう》せざるを以て原則《げんそく》とす然《しか》れとも町村の力貧弱《ちからひんじやく》にして其負擔《ふたん》に堪《た》へず自ら獨立《どくりつ》して其《その》本分を盡《つく》すこと能《あた》はざるものあり是《これ》其町村自己《じこ》の不利《ふり》たるのみならす國の公益《こうえき》に非《あら》さるなり是を以て有力の町村を造成《ざうせい》し維持《ゐぢ》するは國の利害《りがい》に關《くわん》する所にして町村の廢置《はいち》分合《ぶんがふ》若《もし》くは區域《くいき》の變更等に付《つ》き國《くに》の干渉《かんせう》を要《えう》すると明《あきらか》なり固《もと》より關係《くわんけい》ある土地《とち》の所有主《しよいうしゆ》及自治區《じちく》をして利害《りがい》の關する所に依《よつ》て各《おの〳〵》其意見《そのいけん》を達するの機會《きくわい》を得せしめ其意見一般《ぱん》の公益《こうえき》を害《がい》せざる限《かぎ》りは之を採用《さいよう》せざる可からず尤《もつと》も他《た》の一方より論ずるときは其關係者《くわんけいしや》たるものは動《やゝ》もすれは自己《じこ》の利害《りがい》に偏《へん》し永遠の得失を顧《かへりみ》さるか如きことあるを免《まぬか》れず故《ゆへ》に一に其承諾《せうだく》に依《よつ》て決することを得ず假令《たとひ》其承諾《せうだく》なきも之を斷行《だんかう》するの權力あるを要《えう》す然《しか》れとも此等《これら》の處置《しよち》たるや地方の情況《ぜうけう》に通曉《つうげう》するを要し且《かつ》公平を示《しめ》さんか爲めに高等自治區《かうとうじちく》參事會の議決に任《にん》するを至當《したう》とす（市制第四條、町村制第五條）

本制《ほんせい》は町村の分合に就《つい》て詳細《せうさい》なる規則を設《まう》けす各地の情況を斟酌《しんしやく》するの餘地《よち》を存するなり唯《たゞ》十分の資力《しりよく》を有せさる町村ハ比隣《ひりん》相合併す可きの例を設《まふ》く此くの如き町村ハ獨立《どくりつ》を有《たも》たしむることを得さるを以て假令《たと》へ其《そ》の承諾《しやうだく》なきも他《た》の町村よ合併《がつぺい》し又たは數箇《すうこ》相合して新《しん》町村を造成《ざうせい》せざる可からす固より本制《ほんせい》に定むるかごとく各《かく》市町村從前の區域《くゐき》を變更せさるは原則《げんそく》なりと雖《いへ》ども現今各町村の大半は狹少《けうせう》に過き本制に據《よ》つて獨立《どくりつ》町村たる資格《しかく》を有するを得さるもの蓋《けだ》し少からす故に合併《がつぺい》の處分を爲すも亦《また》已《や》むを得さる所なり然れとも分合の例規《れいき》は詳かに之《こ》れを法律《はふりつ》に制定せす其緩急《くわんきふ》を行政廳の見る所に任するものは各地《かくち》の地形人情《にんじやう》及び古來の沿革《えんかく》を參酌するの自由《じゆう》を得せ之めんとするに在《あ》り若し其實行《じつかう》に方つて執行《しつかう》者の標準《へうじゆん》を定むるか如きは時に臨《のぞ》んて訓令《くんれい》を發することある可し之《こ》れを要《えう》するに町村は舊來《きうらい》の區域を存して改《あらた》めさるを原則とし資力《りよく》なき者《もの》は之を合併《がつ》して以て法律《はふりつ》の冀望する有力《いうりよく》の町村を造成せんことを期《き》するに在り又合併《べい》の爲めに其區域廣濶《くゐきくわうくわつ》に過きて地形《ちけい》人情の自然《しぜん》を失ひ共有物の區域《くゐき》を混え其使用の便《べん》を害する等の弊なきを生す然れ共今日に在《あつ》ては事情已《や》むを得さるものありて十全《ぜん》の合併《べい》を爲すことを得す又は合併《がつぺい》を以て不便《ふべん》と爲すか如きことあるべし故《ゆゑ》に町村制第百十六條に於て町村組合《くみあひ》を設くるの便法《べんはう》を存せり其組合《くみあひ》町村は各《かく》獨立を保《たも》ち而して共同して一定の事務《じむ》を處辨《しよべん》するものなり其共同事務の範圍等《はんゐとう》は實地の需要《じゆよう》に依て便宜《べんぎ》之を議定《ぎてい》するに任す

凡區域《くゐき》を變更するに方《あたり》ては必關係《くわんけい》者の協議を以て財産《ざいさん》處分又は費用の分擔《ぶんたん》を定むるを要す是亦一定の例規《れいき》を示さす蓋此等《これら》の處分は强ち法理に泥ます專ら情義《じやうぎ》よ依るを以て穩當《おんとう》とす但其專斷《せんだん》偏私《へんし》の弊《へい》なからしめんか爲め其處分《しよぶん》を參事會に任《にん》せり而して其參事會の議決《ぎけつ》に對《たい》しては司法の裁判《さいばん》を仰《あふ》くを許《ゆる》さす

市町村經界《けいかい》の爭論《さうろん》は公法上の權利《けんり》の廣狹に關《くわん》するを以《もつ》て公法に屬《ぞく》せり故よ此類《このるい》の爭論は司法《しはふ》裁判

を求《もと》むるを許さすして參事會の裁決《さいけつ》に付し終審《しうしん》に於ては行政裁判所の判決《はんけつ》に任せり（市制町村制第五條）若《も》し之に反《はん》して民法《みんはふ》上の所有權《けん》若くは使用權に關する爭論《そうろん》は固より司法裁判に屬すへきを以て其爭論者《そうろんしや》の一方《はふ》若くは雙方《さうはう》とも市町村に係《かゝ》ると雖《いへど》も參事會の裁決に附せす行政裁判に屬《ぞく》せさるは勿論《もちろん》なり

第二款　市町村住民籍《ぢうみんせき》及公民權

町村と人民との關係《くわんけい》は現行の法に於て本籍《ほんせき》寄留の別あり現實《げんじつ》の住居地は必しも本籍《ほんせき》地ならす本籍《せき》は殆んと虛名を存するに過きさるものあり而して府縣《ふけん》會議員の選擧《せんきよ》の如き公法上の權利は本籍《せき》に屬して寄留地に屬《ぞく》せさるものあり甚《はなは》だ事實と相適《あひてき》せす蓋公法上の權利を行ふは現實《げんじつ》の利害《りがい》に基《もとづ》くべくして虛名《きよめい》に依《よ》るべからす故に本制《ほんせい》に於ては現行《げんかう》本籍寄留の法に依らす凡市町村内に住居《ぢうきよ》を定むる者は即《すなは》ち市町村住民《ぢうみん》として本籍寄留の別《べつ》あることとなし尤《もつと》も市町村住民籍《みんせき》即屬籍の例規は別《べつ》に法令を以て之を制定《せいてい》せんことを期す故に茲に之を詳述《せうじゆつ》せすと雖も要《えう》するに本制の行《おこな》はるゝ日より人民《じん》と町村との關係《くわんけい》即町村の屬籍《ぞくせき》に付ては從來《じうらい》本籍寄留の例《れい》を一變《へん》するものなり但戸籍《こせき》上の事即戸主《こしゆ》家族の關係に於ては之と相關《あひくわん》することなく從前の戸籍法《こせきはふ》を存して之を變更《へんかう》せさるなり

市町村住民《ぢうみん》の權利は市町村の營造物《えいざう》を共用し其財産所得《しよとく》の使用に參與《さんよ》するに在り但法律及《および》市町村の條例《でうれい》規則に據《よ》るべきは固《もと》より言を俟《ま》たす其義務《ぎむ》は市町村の負擔《ふたん》を分任するに在り其義務の生《せう》するは即ち市町村に住居《ぢうきよ》を定め住民と爲り去時に起《おこ》る但し市町村内に住居《ぢうきよ》を定めす一時滯在《たいざい》する者即其市町村住民《ぢうみん》に非《あら》さる者と雖も其滯在《たいざい》の久きに至《いたつ》ては市町村の負擔《ふたん》に任せしむるを當《たう》然《ぜん》とす（市制町村制第九十二條）故《ゆゑ》に身羈旅《きりよ》に在る者と一時《じ》の滯在《たいざい》者とを除《のぞ》くの外《ほか》凡市町村内に住居《ぢうきよ》を定《さだ》むる者は即皆《みな》市町村住《ぢう》

民たり軍人官吏《ぐんじんくわんり》の如きも亦皆然り然りと雖も軍人官吏は公民權《こうみんけん》を行《おこな》ひ及市町村の負擔《ふたん》を分任《ぶんにん》する上に於て例外《れいぐわい》に置くを必要《ひつえう》と爲すの條件《でうけん》あり即市制《しせい》第八條、第九條、第十二條、第十五條、第五十五條、第九十六條、町村制第八條、第九條、第十二條、第十五條、第五十三條、第九十六條に定むる所の如し又皇族《くわうぞく》は市町村の屬籍外《ぞくせきぐわい》たること勿論《もちろん》なれば敢《あへ》て本制に揭載《けいさい》せす

市町村住民中公務に參與するの權あり又義務《ぎむ》ある者は別に要件を定めて其資格《しかく》に適《かな》ふ者に限《かぎ》る之を公民とす（市制町村制第七條）

公民《こうみん》は住民中に在て特別《とくべつ》の權利を有し重大《おうだい》の負擔《ふたん》を帶《お》びたる者とす其の資格の要件は自ら民度風俗《ふうぞく》に從ひ各地方の情況《せうけう》を酌《く》み以て其宜《よろしき》を制するを便なりとす故に市町村の自主の權に任《まか》せ適《てき》宜《ぎ》之を制定《せいてい》せしむべきか如しと雖も又一方より考《かんが》ふれは各地方區々に出てゝ權利上公平《こうへい》を失するの恐《おそれ》なき能《あた》はす各國の例を案《あん》するに是亦《これまた》異同《どう》ありて一定せす今本制之本邦《ほんぽう》の民度情体を察《さつ》し併《あは》せて各國《かくこく》の制を參酌《さんしやく》し之を制定せり

各國の例を案するに大略《たいりやく》二類《にるゐ》あり一は即市町村住民にして法律上の要件に適するときは直に公民となるの法とし一は則特別の手續《てつゞき》に依て公民權を得るの法とす今第一の例を以て適當と爲す故《ゆへ》に本制は市町村住民中市制町村制第七條に規定したる要件に適するときは直に公民たるを得るものとす

外國人及公權《こうけん》を有せさる者には公民權を與ふ可からさること疑《うたがひ》を容れす本制に於ては婦人《ふじん》及獨立せさる者も亦皆公民外に置くを通例とす但市制町村制第十二條、第二十四條 に於ては之に選擧權を與ふるの特例《とくれい》あり官府其他總て法人《はふじん》たる者も亦之に準《じゆん》す其他は一般《ばん》に二年以來《いらい》市制町村制第七條に列記《れつき》したる要件を有するを要す然るに一般に二年以上の制限あるは或は不公平を生するの恐ありと雖も市町村會に於て之を特免するの權利を有するを以て其甚だしきに至らさる

可し其他多額《たがく》の納税者《なふぜいしや》に就《つい》ても亦之に類するの特例《とくれい》を設く（市制町村制第十二條）甲市町村の住民にして乙市町村内に土地を所有し若くハ營業《えいげふ》を爲すか爲に市制町村制第九十三條に從ひ市町村税を負擔する者あり此の如き者には固より完全《かんぜん》の公民權を與へすと雖も市制町村制第十二條に從《したが》つて特に選擧權を行はしむるものとす蓋本制《けだしほんせい》に定むる要件中納税額の制限《せいげん》を設くる所以は市町村を以て其盛衰《せいすゐ》に利害《りがい》の關係を有せさる無智無産《むちむさん》の小民《せうみん》に放任することを欲せさるか爲めなり然れ其本制《ほんせい》には二級若くは三級選擧法を行ふに依て幸に小民の多數を以て資産者《しさんしや》を抑壓《よくあつ》するの患《うれひ》を免《まぬか》るべきか故に其制限は之を低度に定むるも妨《さまた》けなし元來《ぐわんらい》選擧權を擴充《くわうじゆう》し以て細民不滿《さいみんふまん》の念《ねん》を絶《た》たんことを期すれは此選擧法の他に優《まさ》れりとする所なり故に本制に於ては二年以來町村内に於て地租《ちそ》を納むる者は其制限額を設けす其他の納税者は二圓以上とせり而して其税額直接國税《せつこくぜい》を標準《へうじゆん》と爲し市制町村制第十二條、第十三條の場合の如く市町村税を標準とせさる所以のものは現今《げんこん》町村費の賦課法《ふくわはふ》たる各地方《かくちはう》異同《いどう》ありて未《いま》た完全《かんぜん》の域《ゐき》に達《たつ》せさるを以て町村税に依り其標準を立つるハ頗《すこぶ》る難事《なんじ》に屬《ぞく》するを以てなり

公民權を得るの要件ある以上は其要件を失ふ者は又其權を喪《うしな》ふ可し（市制町村制第九條）即公民權は左の事件と共に消滅《せうめつ》するものとす

一　國民籍《こくみんせき》を失《うしな》ふ事
二　公權《こうけん》を失ふ事
三　市町村内に住居せさる事即住民權を失ふ事
四　公費《こうひ》を以て救助《きうじよ》を受くる事
五　獨立《どくりつ》を失ふ事即一戸を構《かま》ふることを止《とゞ》め又は治産《ちさん》の禁《きん》を受くる事
六　市町村負擔《ふたん》の分任を止むる事

七　市町村內の所有地《しよいうち》を他人に讓《ゆづ》り又ハ直接國稅《ちよくせつこくぜい》二圓以上を納めさる事

租稅滯納處分中《そぜいたいのうしよぶんちう》の者は公民權を喪失するにあらすして停止《ていし》せらるゝものなり其他市制町村制第九條第二項に記載《きさい》せる場合ハ總《すべ》て之に同し喪失《さうしつ》と停止との區別は停止の時は其權利を存《そん》して只法律に定めたる事由《じいう》の存する間《あひだ》之が執行《しつかう》を止むるに在り

公民權を有する者は一方に於ては選擧被選擧の權利を有し一方に在て市町村の代議《だいぎ》及行政《ぎやうせい》上の名譽職を擔任《たんにん》す可き義務を負ふものとす此義務は渾《すべ》て法律上の義務に於けるが如く强制《きやうせい》して之を履行《りこう》せしめさる可からす固《もと》より直接に之を强制するを得すと雖も故なく名譽職を拒辭《きよじ》し退《たい》職《しよく》し又ハ實際執務《じつさいしつむ》せさる者を懲罰《ちやうばつ》するに公務に參與《さんよ》するの權を停止《ていし》し並に市町村稅を增課《ぞうくわ》するの例《れい》あるハ卽間接《かんせつ》の裁制《さいせい》を存する所所なり（市制町村制第八條）其裁制《さいせい》を行ふの權ハ之を市町村會に付與し住民權公民權の有無等に關する爭論《さうろん》も亦之を市町村會の議決に任し（市制第三十五條町村制第三十七條）之に關する訴願《そぐわん》は參事會の議決に付し行政裁判所に出訴するを許して以て其權利を保護《ほご》するは皆本制大体《みなほんせいだいたい》の精神《せいしん》より出つる所なり

第三欵　自主の權

自主の權とは市町村等の自治体《じちたい》に於て其內部《ないぶ》の事務を整理《せいり》するか爲めに法規《はうき》を立つるの權利を謂《い》ふ所謂《いはゆる》自治の義と混同《こんどう》す可からす自治とは國の法律に遵依《じゆんい》し名譽職を以て事務を處理《しより》するを謂ふ元來法規《ぐわんらいはふき》を立つるは國權に屬するものなりと雖も或る範圍《はんゐ》內《ない》に於て之を自治區に付與《ふよ》する所以《ゆゑん》のものは一國の立法《りつぽう》權を以て周《あまね》く地方の情況を酌量《しやくりやう》し其特殊《とくしゆ》の需要《じゆえう》に應《おう》すること能《あた》ハさるに因る固より市町村の法規は其市町村の區域內に限り且國の法律を以て其自主權に任したる事件《けん》に限り効力《かうりよく》あるものとす其委任の範圍《はんゐ》の如きは古來の沿革《えんかく》及人民政治上の敎育《けふいく》の度に伴隨《はんずゐ》す可きものにして其範圍の廣狹《くわうけう》に依て利害の分るゝ所立法官たる者最愼《もつともつゝし》まさる可からす今本邦各《いまほんはうかく》

地《ち》方《はう》の情況《ぜうけう》を裁酌《さいしやく》し自主の權を適實《てきじつ》に施行す可きの望なきものは法律を以て之を規定し或は法律を以て模範《もはん》を示《しめ》し猶地方の情況に依り自主の權を以て之を增減斟酌《ぞうげんしんしやく》するを許さんとす

市町村の自主の權を以て設くる所の法規に條例及規則の別あり規則とは市町村の營造物《えいぞうぶつ》（瓦斯《がす》局《きよく》水道《すゐだう》、病院、の類）の組織及其使用法を規定するものを謂ひ條例とは市町村の組織《そしき》又は市町村と其住民との關係即市町村の組織中に在て權利義務を規定するものを謂ふ其法律命令《めいれい》に抵觸《ていしよく》するを得さるは二者共に相同し但條例に在ては此外猶《ほかなほ》制限あり即法律に明文を揭けて特例《とくれい》を設くることを許し或は法律の明條なくして自主の權を許したる場合に限るものとす明文を以て條例を設くることを許したる場合を列擧《れつきよ》すれば市制に在ては第十一條、第四十九條、第六十九條、第七十三條、第七十七條、第八十四條、第九十一條、第九十七條、第百二條、町村制に在ては第十一條第十四條、第三十一條、第五十二條、第五十六條、第六十五條、第七十七條、第八十四條、第九十一條、第九十七條、第百二條、第百十四條とす其他本制に於て條例と謂はすして條例に均《ひと》しき規定を許したる場合も亦少からす其條例と明言《めいげん》せさる所以は專ら認可を要せさるに在り（市制第四十條、第四十八條、第六十條、町村制第四十二條、第五十條、第六十四條）

條例規則を新設改正《しんせつかいせい》するは市町村會之を議決し（市制第三十一條第一、町村制第三十三條第一）市制第百二十一條第一及第百二十三條第一、町村制第百二十五條第一及第百二十七第第一に依り許可を受く可き者とす但町村制第三十一條及第百十四條に於ては特例《とくれい》として之を郡參事會の議決に委任《ゐにん》せり是町村會に於て此議決を爲すを得す又其議決の偏頗《へんぱ》に失するの恐あるを以てなり又本制施行《ほんせいしこう》の當初未《たうしよいま》た市町村會を召集《せうしよ》せらる間に於て條例を以て規定す可き事項の處分法《しよぶんはう》は市制第百二十八條及町村制第百三十一條に依る其他條例規則を論せす公布《こうふ》を竢《まう》て初めて他人に對して效力を有するは一般の法理に照して疑なき所なり

市制町村制《しせいちやうそんせい》第二章　市會町村會《しくわいてうそんくわい》

市町村は法人《はふじん》たる者なれは之ヿ代て思想《しさう》を發露《はつろ》し之ヿ代て業務《げふむ》を行ふ所の機關《きくわん》なかる可らす其機關に代議《だいぎ》の機關と行政《ぎやうせい》の機關との二者あり

代議《だいぎ》の機關とは即市會町村會《そんくわい》にして其沿革《えんかく》の詳《つまびらか》なるは今姑《いましばら》く措《お》き往時《わうじ》町村の寄合《よりあひ》と稱《しやう》せしものに起《おこ》り維新《ゐしん》後に至《いた》て府縣會と同じく各地方に町村會を開《ひら》きたり然《しか》れとも其法律《はふりつ》を以て制定《せいてい》したるは明治十三年の區町村會法を創始《さうし》とし其後明治十七年の改正《かいせい》を經《へ》て今日に及《およ》へり然れとも其法律は會議《くわいぎ》の大則《たいそく》を定《さだ》めたるに過《す》きすして余は之を各地方の適宜《てきぎ》定《さだ》むる所に任《まか》せたり又全國《ぜんこく》の町村悉《ことごと》く之を開設《かいせつ》するに非《あら》す小町村の如《ごと》き會議《くわいぎ》を設《まう》けざるも亦少《またすくな》しとせす今之を改めて會議の規則《きそく》を制定《せいてい》すと雖も猶多少《なほたせう》の酌量《しやくりやう》を地方に任《まか》せ且《かつ》小町村の如きは代議會《だいぎくわい》を設《まう》けさるを許《ゆる》し代ふるに選擧人《せんきよにん》の總會《そうくわい》を以てせり

第一欵　組織《そしき》及選擧

代議《だいぎ》機關《きくわん》に完全《くわんぜん》なる權利を有《いう》せる市《し》町村民《ちやうそんみん》の選擧に出《い》つるものとす其組織《そしき》の方法に至《いたつ》ては外國《ぐわいこく》の例を參考《さんかう》するに各多少《おのおのたせう》の異同《いどう》あり蓋《けだし》國《くに》の情況に適合《てきがふ》する完備《くわんび》の法を立《た》つるは易からさる所なりと雖も今古來《いまこらい》の沿革時勢人情《えんかくじせいにんじやう》を考察《かんさつ》し傍《かたは》ら外國の例《れい》を參酌《さんしやく》して以て其宜《よろしき》を制定《せいてい》す其要點左《ようてんさ》の如し

一　選擧權《せんきよけん》

選擧權は素《もと》より完全《くわんぜん》なる權利を有《いう》する公民《こうみん》に限《かぎ》りて之を有す可し然《しか》るに此權利《けんり》を擴張《くわくちやう》し特例《とくれい》として之《これ》を公民ならさる者に與《あた》ふることあり(市制町村制第十二條)是其人《これそのひと》の利害《りがい》に關する所最《もつと》も厚《あつ》く且《かつ》市町村税負擔《ぜいふたん》の最重《もつともおも》きか故《ゆゑ》なり此點《このてん》は上に之を詳述《しやうじゆつ》せり

二　被選擧權

被選擧權《ひせんきよけん》は選擧權を有《いう》する者に限《かぎ》りて之を有すべしと雖《いへど》も其市町村の公民に非《あら》さる者に至ては假令《たとひ》選擧權を有するも被選擧權を有せす其他被選擧權の要件を選擧權の要件に同くして別に之か制限《せいげん》を設《まう》けさるは適任《てきにん》の人物を選擇《せんたく》するの區域《くいき》を徒《いたづら》に減縮《げんしゆく》せさらんか爲めなり被選擧權を與《あた》へさる制限は或は外國《ぐわいこく》の例《れい》を參酌《さんしやく》して之を取るものあり或は地方《ちはう》の情況に照《てら》して已《や》むを得さるものあり又本制に於ては無給《むきふ》の市町村吏員は被選擧權を與《あた》へたり市町村の行政事務《ぎやうせいじむ》を掌《つかさど》る名譽《めいよ》職を擔任《たんにん》し公共事務に從事《じうじ》する者を代議會《だいぎくわい》に加《くは》ふるを許すは穩當《おんたう》ならさるか如しと雖も地方《ちはう》に於《お》りては多く適任《てきにん》の人を得可《うべ》からさるを以てなり行政《ぎやうせい》と代議と最利害《りがい》の抵觸《ていしよく》し易《やす》き場合に關しては市制第三十八條、第四十三條、第六十六條、町村制第四十條、第四十五條、第百十三條等に於て豫《あらかじ》め之に處するの法を設けたり

三　選擧等級《せんきよとうきう》

本制《ほんせい》に於ては納稅額《なふぜいがく》に依《より》て選擧人の等級《とうきう》を立《た》て選擧權を以《もつ》て市町村稅負擔《ふたん》の輕重《けいちよう》に伴隨《はんずい》せしむ蓋《けだし》名譽職《めいよしよく》に任《にん》するは町村公民の輕《かろ》からさる義務なれは資產《しさん》ある者に非されは之に任すること能《あたは》す又其稅額《ぜいがく》の多寡《たくわ》は姑《しばら》く之を論せさるも其專《もつぱ》ら自治の義務を負擔する者に相當《さうたう》の權力を有せしむるは固《もと》より當然《たうぜん》の理なり今等級選擧法を以て常例《じやうれい》とせるは即此要旨《このえうし》に外《ほか》ならす等級選擧の例《れい》は本邦《ほんぽう》に於ては創始《さうし》に屬《ぞく》すと雖《いへど》も之を外國の實例《じつれい》に照《てら》すに明《あきらか》に其良結果《りやうけつくわ》あるを徴《ちよう》するに足る本制被選擧權の資格を廣《ひろ》くして而して其流弊《りうへい》なきを信《しん》する所以《ゆゑん》のものは即此選擧法《このせんきよはふ》に依て以て細《さい》民《みん》の多數《たすう》に制《せい》せらるゝの弊《へい》を防《ふせ》ぐに足るへきを以てなり

各地方の狀況《じやうけう》を見るに都鄙《とひ》に依て貧富《ひんぷ》を異《こと》にし地形に依て產業《さんげふ》に別あり故に各地に通する一定の稅額《ぜいがく》を設けて等級《とうきう》を分つことを得す又單《またたん》に土地《とち》の所有《しよいう》を以て選擧權の標準《へうじゆん》と爲すことを得す是を以て等級法《とうきふはふ》を立てんと欲するには市町村内に於て徴收《ちようしう》する市町村稅の總額《そうがく》を標準とし各自

納稅額《のうぜいがく》の多寡《たくわ》に依て其順序《じゆんじよ》を定め等級《とうきふ》を立つるの外他《ほかた》に良法《りやうはふ》あるを知らす然《しか》るに市は通して三級《きふ》とし町村は單《たん》に二級とせるは市民は戸口《ここう》多く貧富《ひんぷ》の階級《かいきふ》あること町村民の等差少《とうさすくな》きか如きに非ざるを以てなり（市制町村制第十三條）但《たゞし》町村にして特別《とくべつ》の事情《じじやう》あるものあり例《たと》へは選擧人寡《くわ》少《せう》にして其稅額《ぜいがく》の等差《とうさ》も亦《また》少く或は一二の納稅者《のうぜいしや》ありて非常《ひじやう》に多額《たがく》の稅を納《おさ》むるか或は大町村に於て其納稅者の等差《とうさ》極《きは》めて甚《はなはだし》きの類《るゐ》まして二級選擧法を適當《てきたう》とせさる場合もある可し此場合に於ては町村條例を以て三級選擧法を設《まう》くることある可く或は等級を設けす或は更《さら》に他の方法を立つることを得せしめんとす尤二級若くは三級選擧法を以て常例《じやうれい》と爲すか故に不得止《やむをえざる》の事情ありて許可《きよか》を受くるに非されは此特例《このとくれい》を設《まう》くることを得さる可し

被選擧人《ひせんきよにん》は其區内級内の者に限《かぎ》らすと爲すは（市制第十三條、第十四條、町村制第十三條）市町村會の議員《ぎゐん》は全《ぜん》市町村の代表者《だいへうしや》たるの原則《げんそく》より出つるものにして是亦實際《これまたじつさい》の便宜とする所なり

四　選擧《せんきよ》の手續《てつゞき》

選擧《せんきよ》の事務《じむ》たる其關《くわん》する所輕《ところかろ》からさるを以て其細則《さいそく》に至るまて法律《はふりつ》を以て之を規定《きてい》するを要す其單《たん》に手續《てつゞき》に屬《ぞく》する事項《じかう》と雖も力《つと》めて法律に之を制定する所以のものは選擧の公平確實《こうへいかくじつ》なることを保《たも》ち行政廳《ぎやうせいてう》の干渉《かんせう》を防き或は干渉の疑《うたがひ》を避《さ》けんか爲めなり其順序大略《じゆんじよたいりやく》左の如し

選擧は通例《つうれい》三年毎に之を行ふ之を定期《ていき》選擧とし議員の半數を改選《かいせん》す其半數を改選するは事務に熟練《じゆくれん》せる議員を存續《そんぞく》せしめんか爲《ため》なり但解散の場合は此の如くすることを得す又此法律施行の當初に於て選擧せられたる議員は初回《しよくわい》の改選に方り抽籤《ちうせん》を以て半數《はんすう》を退任《たいにん》せしむるに依り其半數は三年間在職《かんざいしよく》するものとす此二箇の場合を除《のぞき》議員は總て六年間在職するものとす若し議員任《にん》期中に死亡《しばう》し若くは退職するときは直《たゞち》に補闕員を選擧し前任者の任期を襲《つ》かしめさる可からす之を補闕選擧とす然れとも屢《しば〳〵》選擧を行ふときは其煩に堪へさるか故に補闕選擧は定期選擧を待て

之を同時に行《おこな》ふを通例とす假令《たとひ》一二の闕員《けつゐん》あるも事務に支障《ししやう》なかるへきを以てなり然れとも若し多數《たすう》の議員退任《たいにん》する等已《や》むを得す補闕員を選擧するの必要《ひつえう》あるときは市制町村制第十七條に於て之れか便法《べんはふ》を設《まう》く

選擧を爲すの準備《じゆんび》に屬《ぞく》する事は之を行政機關即町村長若くは市長及市參事會に委《ゐ》任《にん》せり然《しか》して其事務《しむ》は選擧の基礎《きそ》たる選擧名簿《めいぼ》を調製《てうせい》するを以て第一とす本制に所謂永續名簿《いはゆるえいぞくめいぼ》の法に依《よ》らす選擧を行ふ毎《ごと》に名簿を新《あらた》にするの法を取れり(市制町村制第十八條)其調製したる名簿は選擧前數日間關係者の縱覽《じうらん》に供《けう》し異議《ゐぎ》ある者は市町村長に申立て又は訴願若《そぐわんもし》くは行政訴訟《ぎやうせいそしやう》の手續《てつゞき》(市制第三十五條、町村制第三十七條)を以て誤《あやまり》を正す可き便利《べんり》を與《あた》へたり此名簿の調製は選擧より數日前に終結《しうけつ》す可きか故《ゆゑ》に其結了《けつれう》の時に行ひたる裁決《さいけつ》は之を執行す可しと雖も各訴願の確《かく》定終局《ていしうきよく》に至る迄荏苒《じんぜん》日を曠《むなし》くするを得す選擧の期日に至れは其訴願に拘《かゝは》らす之を執行す若し名簿に錯誤《さくご》あるか爲め選擧の無効《むかう》に歸《き》することあれは更《さら》に之を申立《た》つることを得可し又被選人當選を辭《じ》し或は選擧を無効なりと斷定《だんてい》せられたる時と雖も更に名簿を調製するを要せす判決《はんけつ》に準據《じゆんきよ》して舊名簿《きうめいぼ》を訂正《ていせい》したる上之を用ふるものとし之か爲め又更に關係人の縱覽に供して正誤《せいご》申立の時間《じかん》を與ふるにあらす唯名簿全体《ぜんたい》の不正なるか爲め全選擧を無効なりとなしたる時に至ては新簿を調製することを已むを得さるなり

選擧の期日は町村長市參事會之を定む本制に據れは選擧人を召喚《せうくわん》するには公告《こうこく》を以て足《た》れりとすと雖も實際《じつさい》市町村の便宜《べんぎ》に依り各選擧人に對《たい》し特《とく》に召集狀《せうしうじやう》を送付《そうふ》することあるも妨《さまた》けなし其他投票《とうへう》時間を定むるは市長町村長に任したるを以て市長町村長は選擧人の多寡及地形等《たくわおよびちけいとう》を參酌《さんしやく》して之を定む可し

選擧事務の統轄《とうかつ》は之を自治《じち》の吏員に委任し(市制町村制第二十條)監督《かんとく》官廳は特に之か監督を爲

す可きのみ（市制第二十八條、町村制第二十九條）而《しか》して選擧掛《せんきよがゝり》は集議体《しうぎたい》ょ編制《へんせい》せり選擧掛は選擧人代理者《だいりしや》の許否《きよひ》、投票《とうへう》の効力《かうりよく》等《ら》直に之を裁決《さいけつ》せさるを得す玄て此《かく》の如きは一個《こ》の吏員《りゐん》に委任《にん》することを得さるを以てなり固《もと》より撰擧掛に於て右等《みぎら》の事件《じけん》を議決《ぎけつ》すと雖《いへど》も後《のち》に至《いた》り選擧の無效《かう》を申立つる者《もの》あるときは之《これ》を裁決《さいけつ》する官廳《くわんちやう》ょ於ては右議決《ぎけつ》に拘《かゝは》らす至當《しとう》の裁決を爲《な》す可きものとす

選擧會い選擧人《せんきよ》に取りては公會《こうくわい》なりと雖も（市制町村制第二十一條）其撰擧《せんきよ》は全く秘密投票《ひみつとうへう》の法を以てす即撰擧掛《せんきよ》は勿論《もちろん》其他何人にても投票者《とうへう》に於て何人を撰擧《せんきよ》せんとするかを知らしめさるものとす故ょ撰擧の際《さい》は投票を用ひ票中《へうちう》に投票者の氏名《しめい》を記載《きさい》せす又之に調印《とういん》せしめす封緘して之を差出《さし》さしむ（市制町村制第二十二條、第二十三條）元來公撰擧《ぐわんらいこうせんきよ》と秘撰擧《みつ》との別あり其利害《りがい》得失《とくしつ》に就ては互《たがひ》に論《ろん》ありと雖も今特《いまこと》に地方自治區の撰擧《せんきよ》に就て之を考ふるに町村の事情《じじやう》たる居民常に相密接《あひみつせつ》するものなれは撰擧の自由を妨《さまた》けさらんか爲めに寧《むし》ろ秘密《ひみつ》撰擧を以て良法《りやうほふ》と爲す而して撰擧權《けん》を有せさる者の投票《とうへう》又は重複の投票を防《ふせ》かんか爲めには選擧人自《みづか》ら出頭《しゆつたう》するの例《れい》あり（市制町村制第二十四條）又名簿《めいぼ》に照《てら》して之を受くるの法《ほふ》（市制町村制第廿二條）あり撰擧人自《みづか》ら出頭《しゆつたう》して選擧を行ふの例を設くるは毫《がう》も撰擧の利害《りがい》に關《くわん》せさる輩《はい》の勸告《くわんこく》ょ依て之に投票を託《たく》せんとするか如き者を排除《はいぢよ》し選擧の自由《じいう》を保護《ほご》する所以なり但《たゞし》市制町村制第二十四條第二項に掲《かゝ》くるものは已《やむ》むを得さるの特例《とくれい》なりとす選擧《せんきよ》を行ふに下級《しもきふ》を先《さき》にし上級を後《あと》にするは（市制町村制第十九條）下級の撰擧人《せんきよ》をして人を擇《えら》ふに充分《じうぶん》の區域《くいき》を得せしめんが爲めなり而して先《ま》づ下級の選擧を了《をは》るの後に上級の選擧《せんきよ》に着手《ちやくしゆ》せしむ可え是《これ》一人にして數級の選に當《あた》ることを防《ふせ》き且上級の者《もの》をして下級の選擧《せんきよ》ょ當《あた》らさる候補者《こうほ》を選擧することを得《え》せ玄むるものなり撰擧《せんきよ》の結果《けつくわ》を證《しやう》するか爲めに撰擧錄《せんきよろく》を製《せい》するの例（市制第二十六條町村制第二十七條）あるは撰擧の

効力《かうりよく》を裁決《さいけつ》する證憑《しやうへう》を備《そな》へんか爲めなり

當選《たうせん》の認定《にんてい》は議員の選擧に付比較《ひかく》多數《たすう》の法を取り(市制第二十五條、町村制第二十六條)市町村《しちやうそん》吏員《りゐん》の撰擧には過半數《くわはんすう》の法を用ふ(市制第四十四條、町村制第四十六條)元來總《ぐわんらいそべ》て過半數《くわはんすう》を以てするを正則《せいそく》とすれとも事宜《じぎ》を計《はか》りて便法《べんぱふ》を設《もう》けたるなり

選擧の効力《かうりよく》に關《くわん》し異議《いぎ》を申立つるの權《けん》利は撰擧人及市長《しちやう》町村長の外公益《こうえき》上よりして其効力を監《かん》査《さ》するか爲めに郡《ぐん》長及府縣知事《ちじ》も亦此權利《けんり》を有《いう》す撰擧人及市長町村長の異議《いぎ》ある者は市町村會の裁決《さいけつ》に任《にん》し郡長府縣知事の異議《いぎ》あるものは參事會《さんじくわい》の裁決《さいけつ》に任し其郡參事會の裁決《さいけつ》に不服《ふふく》あるときは府縣參事會に訴願《そぐわん》することを得《う》其府縣參事會の裁決《さいけつ》に不服《ふふく》あるときは行政裁判所《せいさいばんしよ》に出訴《しゆつそ》することを得るものとす是《こ》れ實《じつ》に利害上《りがいじやう》の爭《あらそ》ひにあらすして權利《けんり》の消長《しようちやう》に關《くわん》すれはなり(市制第二十八條、第三十五條、町村制第二十九條、第三十七條)

一旦《たん》撰擧を有效《いうかう》と定《さだ》め或は其效力《かうりよく》に異議《いぎ》なくして經過《けいくわ》したる後《のち》と雖も當《たう》選者被《ひ》選擧權の要件《えうけん》を撰擧の當時《たうじ》に有《いう》せさりしことを發覺《はつかく》し或は其當時《たうじ》有したる要件《えうけん》を失《うしな》ふことある可し斯《かゝ》る場合《ばあひ》に於ては因《もと》より市制《しせい》第二十九條、町村制第三十條の結果《けつくわ》を生《しやう》す可し其裁決《さいけつ》の手續《てつゞき》は市制《しせい》第三十五條、町村制第三十七條に據る

五　名譽職《めいよしよく》

市制町村制第十六條、第二十條、第七十五條に依り名譽職《めいよしよく》を置《お》くは本制大体《ほんせいだいたい》の原則《げんそく》に出つるなり

第二欵　職務權限《しよくむけんげん》及處務規程《およびしよむきてい》

市會町村會は市町村の代表者《だいへうしや》なり其權限《そのけんげん》は市町村の事務《じむ》に止《とゞ》まり其他の事務は從來《じうらい》の委任《いにん》に依り又は將來法律勅令《ちよくれい》に依《よつ》て特《とく》に委任《ゐにん》する事項《じこう》に限《かぎ》りて參與《さんよ》するものとす若《も》し大政《たいせい》に論及《ろんきう》する等凡《およ》そ此界限《かいげん》を踰《こ》ゆるものは則《すなはち》法律に悖戻《はいれい》するものなれは法律上の權力《けんりよく》を以て(市制第六十四

條第二項第一、第百二十條、町村制第六十八條第二項第一、第百二十四條）之を制せさるべからす其他《た》市制第百十八條第百十九條、町村制第百二十二條、第百二十三條は皆《みな》市會町村會の怠慢《たいまん》を防《ばう》制《せい》するの權力ありとす

市會町村會は代表《だいへう》機關と爲すと雖も（市制第三十條、町村制第三十二條）外部《ぐわいぶ》に對《たい》して市町村を代表するは行政《げうせい》機關の任《にん》とす（市制第六十四條第二項第七、町村制第六十八條第二項第七）即市會町村會は專《もつぱ》ら行政機關《きくわん》に對《たい》して市町村を代表《だいへう》するものなり市制第三十一條以《い》下及び町村制第卅三條以下に列載《れつさい》したる職務《しよくむ》は皆此地位《ちゐ》に依て生《せう》するものとす

一

市會町村會は條例規則《きそく》、歳計《さいけい》豫算、決算報告《はうこく》、市町村稅賦課法及財產《ざいさん》管理上の重要《ちうえう》事件等を議決《ぎけつ》す市制第百十八條、第百十九條、町村制第百二十二條、第百二十三條の場合《ばあひ》を除《のぞ》くの外《ほか》行政機關は議會の議決に依《よつ》て方針《はうしん》を取らさるを得す但其議決上司《じやうし》の許可を得可きものは市制第百二十一條より第百二十三條に至《いた》り及町村制第百二十五條より第百二十七條に至るの各條に依る

二

市會町村會の執行《しつかう》す可き選擧は載《の》せて市制第三十七條、第五十一條、第五十八條、第六十條、及び町村制第五十三條、第六十二條、第六十三條、第六十四條、第六十五條に在り

三

市會町村會は市町村の行務《ぎやうむ》を監査《かんさ》するの權利《けんり》を有す其監査《かんさ》の方法は書類《しよるゐ》及計算書《しよ》を撿閲《けんゑつ》し町村長若《もし》くは市參事會に對《たい》して事務報告《はうこく》を要求《ようきう》するの類是《るゐ》なり此權利《けんり》に對して町村長若くは市參事會は之に應《おう》するの義務《ぎむ》あり若し市會町村會に於て意見《いけん》あるときは之を官廳に具狀《ぐじやう》することを得可し

四　市會町村會に於《おい》て官廳の諮問《しもん》を受くるときは之に對《たい》して意見《いけん》を陳述《ちんじゆつ》するは其義務《ぎむ》ありとす

五　其他市會町村會は或場合《あるばあひ》に於て公法上《こうはふ》の爭論に付始審《しゝん》の裁決を爲すの權あり（市制第三十五條、町村制第三十七條）

市會町村會の議員《ぎゐん》は其職務《しよくむ》を執行《しつかう》するに當ては法令を遵奉《じゆんほう》し其範圍《はんゐ》内に於て不覊《ふき》の精神《せいしん》を以て事を評議《へうぎ》す可し決して選擧人《せんきよ》の指示若くは委囑《いそく》を受く可きものにあらず（市制第卅六條、町村制第三十八條）是固《これもと》より法理《はふり》に於て明なる所なりと雖も議員《ぎゐん》の職務《しよくむ》を以て選擧人の委任《いにん》に出つるものゝ如く視傚《みな》し議員は選擧人の示《しめ》したる條件《でうけん》を恪遵す可きものと爲すの誤《あやまり》を來《きた》さゞらんか爲めに特《とく》に其明文《めいぶん》を掲《かゝぐ》るなり」　處務規程《しよむきてい》は市制第卅七條より第四十七條に至《いたり》町村制第三十九條より第四十九條に至るの各條《かくでう》に於て之を設《もう》く此條規《でうき》は概《おほむ》ね説明を要せさる可し只茲《こゝ》に一言す可きは町村會は通例《つうれい》町村長若くは其代理者《だいり》たる助役《じよやく》を以て議長《ぎちやう》とし（町村制第三十九條）市會《しくわい》は別に互選《ごせん》して議長を置く（市制第三十七條）此區別《くべつ》を爲したる所以《ゆゑん》は町村に在ては町村長及助役の外《ほか》事務に熟練《じゆくれん》する者多からすして殊《こと》に議長の任《にん》に堪《た》ふる者は概《おほむ》ね少く且一人一個の責任《せきにん》を以て行政の全体《ぜんたい》に任する場合《ばあひ》に於ては成る可く議員《ぎゐん》と密接《みつせつ》の關係《くわんけい》を有《いう》せしむること必要《ひつよう》なればなり町村制第四十四條の場合を除《のぞ》くの外町村長及助役《じよやく》にして議決權《ぎけつ》を有するは其議員を兼《か》ぬる時に限《かぎ》る可し

市制《しせい》町村制第三章　市町村行政

代議と行政《ぎやうせい》とは各別《かく》個の機關《きくわん》を設《まう》けさる可からさるは已《すで》に之を記述《きじゆつ》したるか如し而して町村の行政は之を町村長一人に任《にん》し補助《ほじよ》員即助役一名若くは數名《すめい》を置き以て之を補助《ほじよ》せしむ市に於て

は之を市參事會《しさんじくわい》に任《まか》せり市長は其會員の一人にして其會の事務を統理《とうり》し外部《ぐわいぶ》に對《たい》して參事會を代表《だいへう》するの權を有《いう》す卽町村は特任制《とくにんせい》を取り市は集議制《しうぎせい》に依るものなり抑《そもそも》地方《ちはう》の自治《じち》行政には集《しふ》議制《ぎせい》を以てするに若《し》くものあらず然るに獨《ひと》り市に施《ほどこ》して之を町村に適用《てきよう》せさる所以《ゆゑん》のものは集《しふ》議制《ぎせい》は特任制《とくにんせい》に比《ひ》し頗《すこぶ》る錯綜《さくそう》に渉《わた》るの弊《へい》あり而して小町村の行政は力《つと》めて簡易《かんい》の編制《へんさい》に依るを要するを以てなり且集議制《しうぎせい》を行《おこな》はんと欲すれは名譽職《めいよしよく》を以て行政に參與す可き適任者《てきにんしや》を多く求《もと》めさるを得す而《しか》して此事たる今日の情況《ぜうけう》にては都會《とくわい》の地に非されは望《のぞ》む可からされはなり大町《だいてう》村に於ても亦此集議制を施行《しかう》す可き必要《ひつえう》ありや否又之を施行《しかう》し得可きや否は姑《しばら》く將來の變遷《へんせん》を俟て知《し》る可きなり

本制市町村行政の條規は力《つと》めて活用《くわつよう》の區域を廣《ひろ》くし以て各地方の情況《ぜうけう》を斟酌《しんしやく》するの餘地《よち》あらしめんことを務めたり

町村長、助役、市參事會及市長之皆是市町村の機關《きくわん》にして國に直隷《ちよくれい》する機關にあらす是を以て此機關《きくわん》に屬《ぞく》する吏員《りゐん》は總て市町村自ら之を選任《せんにん》するを當然《たうぜん》とす是各國の通則《つうそく》にして其效益亦實際《じつさい》の經驗《けいけん》に著《あら》はるゝ所なれば本制も亦之に倣《あら》へり(市制第五十一條、第五十八條、第五十九條、第六十條、第六十一條、町村制《とうそんせい》第五十三條、第六十二條、第六十三條、第六十四條、第六十五條) 然れとも市町村は又國の一部分にして市町村《りゐん》の行政《ぎやうせい》は一般《はん》の施政《しせい》に關係《くわんけい》を及ぼし從て國家の利害に關せさることなし且つ市町村及其吏員《りゐん》に委任《ゐにん》するに國政に屬《ぞく》する事務を以てすることあり市制《しせい》第七十四條、町村制第六十九條の如き是なり市長《しちやう》の選任《せんにん》は市會より候補者《とうほしや》を推薦《すゐせん》し裁可《さいか》を求《もと》むるの例あるか如きも亦此理由《りゆ》あるに依《よ》る(市制第五十條) 但其選任《せんにん》の例《れい》を異《こと》にすと雖も市長は均《ひとし》く市の機關《きくわん》にして一の市吏員《りゐん》なり法律上より其地位《ちゐ》を論する時は一面之市に屬し一面は國に隷《れい》す猶《なほ》町村長の町村《とうそん》と國《くに》とに兩屬するが如し此資格《しかく》は選任《せんにん》の例を異《こと》にするが爲めに變更《へんかう》することとなし其他樞要《すうえう》の市町村吏員即《すなは》ち町村長、市町村助役《じよやく》、收入役《しうにふやく》は監督官廳《かんとくくわんてう》の認可《にんか》を受けしめ其認可《にんか》を得さるときは其選擧《せんきよ》は無効《むかう》に屬《ぞく》するか故に(市制第五十一條、第五十八條、町村制自第五十九條、至第六十一條)國《くに》の治安《ちあん》を保持《ほぢ》する上に就《つい》ては十分の權力《けんりよく》を有《いう》するを得《う》可し又之を認可《にんか》するに方《あた》つて徒《いたづ》らに其活動《くわつどう》を牽制《けんせい》せさらんことを欲し認可《にんか》を拒《こば》むには一定の理由《りいう》を示さす其他の人情《にんせう》と人物《じんぶつ》とを參酌《さんしやく》して其認可不認可を決するを得せしめんとす其裁決《さいけつ》の權は專《もつぱ》ら地方分權の原則に遵《じゆん》し之を郡長又は府縣知事《ふけんちじ》に委任せり然れとも其公平《こうへい》を失するの弊《へい》を防《ふせ》かんか爲め若くは偏私《へんし》の誹《そしり》を免《まぬか》れんか爲めに其認可《にんか》を拒《こば》まんとするときは郡《ぐん》參事會又は府縣參事會の同意《どうい》を得るを必《ひつ》要《えう》と爲せり又已《もて》に官廳の認可《にんか》を受《う》けしむるの法を設《まう》くるときは其結局《けつきよく》の處分法なかる可からす即其選擧遂《つひ》に適任《てきにん》の人を得すして已《や》むを得さるときは官廳より其代理者を特選《とくせん》し若《も》くは官吏を派遣《はけん》して市町村の事務を執《と》らしむる事を得可し以上の例規《れいき》に依り市町村吏員の選擧《せんきよ》を以て之を市町村に委任《いにん》するも國の治安統一《ちあんとういつ》を保《たも》つことに於て憂《うれ》ふ可きの弊《へい》なきを信す

町村に於て吏員を選任《せんにん》するの權《けん》は之を町村會若くは總會《そうくわい》に委任《いにん》し唯使丁《たしてい》に限り之を町村長に委《い》任《にん》し(町村制第五十三條、第六十二條、第六十三條、第六十四條、第六十五條)市に於ては之を市參事會に委任《いにん》し參事會員委員及收入役《しうにふやく》の選定《せんてい》に限り之を市會に委任せり(市制第五十一條、第五十八條、第五十九條、第六十條、第六十一條)

市町村の吏員を選任《せんにん》するに付ては固より法律《はふりつ》上の要件《ようけん》を恪守《かくしゆ》せさる可からす其要件《ようけん》は市制第五十五條第五十八條、第六十條、第六十一條町村制第五十三條、第五十六條、第六十四條、第六十五條に在り其他の制限《せいげん》は刑法《けいはふ》等他の法律に存す

其他市町村吏員組織《そしき》の大要《たいよう》は法律中に定むるものありと雖も各地方情況《ぜうけう》を異《こと》にするを以て市町村の自主權に廣濶《くわうくわつ》なる餘地《よち》を與《あた》ふることを得可く又之を與ふるを要するなり

本制《ほんせい》に定むる市町村吏員は左の如し

一　町村長

町村長は町村の統轄《とうかつ》者なり即町村の名を以て委任《いにん》の強制權《かうせいけん》を執行《しつかう》する者とす其強制權《きやうせいけん》の幾部《いくぶ》分を既に町村制中に制定《せいてい》せりと雖も(例へば町村制第百二條の類)多《おほ》くは別法を以て之を設けさる可からす其他町村長は町村の事務《じむ》を管理《かんり》するの任《にん》あり故に一方に在《あり》ては町村に對《たい》して其執行《しつかう》の責任《せきにん》を帯《お》び一方に在ては法律《はふりつ》の範圍《はんゐ》内並《ならび》官廳より其權限《けんげん》内にて發《はつ》したる命令の範圍内に於て百般《はん》の事項《じこう》に渉《わた》り町村の幸福《かうふく》を増進《ぞうしん》し安寧《あんねい》を保護《ほご》するを務《つと》めとす而《しか》して町村長に於て町村會の議決に遵據《じゆんきよ》す可き程度《ていど》は町村制第三十三條以《い》下に詳なり同條記載《きさい》の事件に就ては町村長は議會の議決《けつ》に據《よ》らすして之を施行することを能《あた》はさる而已《のみ》ならす猶《なほ》其議事を準備《じゆんび》し議決を執行するの義務あり故に町村會に於て法律に背戻《はいれい》することなく其權限《けんげん》内にて議決したる事項は假令《たとへ》町村のために不便《ふべん》ありと認《みと》むるも町村長は之を執行せさるを得す只町村長其議決に對《たい》して大に意見《いけん》を異にし公衆《こうしう》の利益を害《がい》すと認《みと》むるときは町村制第六十八條第二項第一に從て議決《ぎけつ》の執行《しつかう》を停止《ていし》するの權を有《いう》す即之を停止して郡參事會の裁決《さいけつ》を請《こ》ふことを得可し其法律命令《めいれい》に背《そむ》き又は權限を踰《こ》ゆるものも亦之に同し尤《もつと》も僅《わづか》に利害《りがい》の見込《みこみ》を異《こと》にしたるのみにては未《いま》だ以て之を停止するの理由《りいう》と爲すに足らす必す公益《こうえき》を損害《そんがい》すと認むる時に限るへし蓋《けだし》公益の爲めに町村長をして此停止權を存せしむるは或は之を濫用《らんよう》するの恐《おそれ》なきに非すと雖も今日町村治《こんにちてうそんぢ》の未た整備《せいび》せさるより考ふるときは姑《しばら》く此例《このれい》を存するの已むを得さるものあり又監督官廳より町村長に停止を命《めい》するは國の利害に關し已《や》むを得さるものにして監督官廳も亦常《つね》に町村會議決の報告《ほうこく》を徴して其注意《ちうい》を怠《おこた》らさるへし其停止權を濫用《らんよう》するの弊《へい》は參事會の參與《さんよ》あるを以て自ら之を防制《ばうせい》することを得へし其行政裁判所へ出訴《しゆつそ》するの權を法律勅令に背戻《はいれい》し及權限を踰越しるの塲合に限りたるは行

政裁判所は專ら《もつぱ》法律上の爭論《そうろん》を判決《はんけつ》すへきものにして公益《こうえき》に關する事は一に利害《りがい》の爭《あらそひ》に過《す》ささ れはなり郡《ぐん》參事會の裁決《さいけつ》に不服《ふふく》ある者《もの》は府縣參事會に訴願《そぐわん》し其府縣參事會の裁決《さいけつ》に不服《ふふく》ある者ハ行政《ぎやうせい》裁判所に出訴し若くは內務大臣に訴願するを得へき事町村制第百十九條及第百二十條の規定《きてい》に依《より》て明《あきらか》なり

其他《そのた》町村長の町村事務は町村制第六十八條第二項第二より第九に列載《れつさい》したる條件に依《より》て明《あきら》かなり其各《かく》條件に關しては茲《こゝ》に說明《せつめい》を要せさるへし町村會の定額豫算に關する職權に依て町村長の權利に制限を加《くわ》ふる所以《ゆえん》は第四章《しやう》に於て之を說明すへし又町村會の議決町村制第百二十五條以下に從ひ官の許可を受くべきものは之を受くるの前《まへ》に施行《しかう》するを得さることは固《もと》より言を俟《ま》たす且《かつ》時宜《じぎ》に依りては監督官廳の懲戒權を以て之を强制《けうせい》するを得べし

町村制第六十九條に列記《れつき》したる事務《じむ》に關しては町村長は全《まつた》く前述の場合と異《こと》なりたる地位《ちゐ》を有するものとす己《すで》に前章に記述《きじゆつ》したる如く國《くに》は町村をして國政《こくせい》に關する事務に參與せしむることゝある而して之を參與せしむるの法二あり國政《こくせい》に屬《ぞく》する事務を以て町村に委任《ゐにん》し其自治權を之て之を處辨せしむるものあり又《また》其《その》事務《じむ》を町村に委任せすして直接《ちよくせつ》に町村長其他町村の吏員を指定《してい》して之《これ》を委任するものあり此區《このく》別《べつ》の緊要なる點は第一の例《れい》に據《よ》れは斯《か》る事件の議決も亦町村會の職權に歸し町村長若くは當該吏員は此《この》事件に關し町村會に對《たい》して責任を帶且常《おびかつつね》に其監視を受るものとし第二の例《れい》に據《よ》れは町村長は直接に官命《くわんめい》に依《よつ》て事務に從事《じゆうじ》し町村會と相關《あひくわん》せす此事務に關する指揮命令《しきめいれい》は直に所屬官廳《しよぞくゝわんちやう》より之れを受け特《とく》に其官廳《くわんちやう》に對して責任《せきにん》を帶《お》ふるものとす元來甲乙《ぐわんらいかうおつ》二例《れい》を比較《ひかう》するときは互《たがひ》に得失《とくしつ》ありと雖も今日の情況に照《てら》し事務の擧行《きよかう》を期するに付ては乙法《おつはふ》を行ふに如かす故に本制は乙法を採りて之を第六十九條に明言《めいげん》せり但細則《たゞさいそく》に涉《わた》るものは別法《べつはふ》に讓《ゆづ》らんとす且此乙法《かつこのおつはふ》を行《おこな》ふに至ては其委任《ゐにん》の職務《しよくむ》に付き生《せう》する所の費用《ひよう》は何《いづ》れの負擔《ふたん》

なるかを明言《めいげん》せさるを得す依《より》て同條末項《ばつこう》に之を掲《かゝ》く其他《そのた》町村固有《こいう》の事務《じむ》及要《えう》する費用《ひよう》は町村の自《みづか》ら負擔《かたん》すへきことと言《げん》を俟《ま》たずして明《あきらか》なり

二　町村助役《じよやく》

助役《じよやく》は各《かく》町村に一名を置《お》くを通例《つうれい》とす然《しか》れとも各《かく》地方の需要《じゆよう》に應《おう》して或《あるは》は之を増加《ぞうか》す可きことあり之を町村條例《でうれい》の定《さだ》むる所に任《まか》せり(町村制第五十二條)助役の町村長に屬するは共《とも》に集議體《しうぎたい》を為にあらす町村役場《やくば》の事務は皆町村長の專決《せんけつ》に在り其責任《せきにん》も亦《また》町村長一人に屬《ぞく》す故《ゆへ》に助役は其補助員《ほじよいん》にして一に町村長の指揮《しき》に從ひ之を補佐《ほさ》するものとす唯町村長故障《こしやう》ありて之を代理《だいり》する場合《ばあひ》及委任《ゐにん》を受けて事務を專任《せんにん》する場合に限り自ら其責任を負ふものとす但事務を委任《ゐにん》するには町村會の同意《どうい》を得るを要し(町村制第七十條)其町村長に委任の事務に係るときは監督《かんとく》官廳の許可《きよか》を受くるを要す(町村制第六十九條)

三　市參事會《しさんじくわい》

市に於ても市長及助役を置く事町村の制《せい》に同《おな》じくして別《べつ》に名譽職《めいよしよく》參事會員若干《そこばく》名を置《お》き合《あは》せて集《しふ》議體《ぎたい》を組織《そしき》し之を市參事會とす是町村の制と異《こと》なる所《ところ》なり助役及名譽職參事會員の定員《ていゐん》は市制第四十九條に之を定と雖も市の情況《じやうきやう》に依《よ》り増減《ぞうげん》を要する時は市條例《しでうれい》を以て之を増減するとを得可し(市制第四十九條)市長《しちやう》は一個《こ》の決議權《けつぎけん》を有し員數相半する時は其專決《せんけつ》するとを得此集議《しふぎ》會の職務《しよくむ》は全《まつた》く町村長の職務と其例を同くす(市制第六十四條)其詳細《そのしやうさい》の説明《せつめい》は茲《こゝ》に要せさる可し其處務《しよむ》規程《きてい》は本制に於て多《おほ》く設《まう》くるを要せす(市制自第六十五條至第六十八條)其細目《そのさいもく》に至ては内務省令《れい》を以て之を定むることある可し

市長は市の固有《こいう》の事務を處理《しより》すると委任《ゐにん》の事務を處理《しより》すると各別《かくべつ》段の地位《ちゐ》を占《し》むるものとす即ち市の固有《こいう》の事務に就《つい》ては參事會の議事《ぎじ》を統理《こうり》し之を準備《じゆんび》し議決を執行《しつかう》し時に臨《のぞ》ては議決の執

行《かう》を停止《ていし》し（市制第六十五條）外部《ぐわいぶ》に對《たい》して市《し》を代表《だいへう》するものにして臨急處を要する場合に限り、議決《ぎけつ》を俟《ま》たすして專行《せんかう》することを得可し（市制第六十八條）然《しか》れ共市制《しせい》第七十四條に列載《れつさい》する委《ゐ》任《にん》の事務に就《つい》ては參事會の參與《さんよ》を受《う》けすして專行《せんかう》するものとす此區別《このくべつ》あるそ即ち前述《せんじゆつ》の乙法《おつはふ》を取《と》り之を市に委任《ゐにん》せすして特《とく》に市長に委任したるに依る

市助役《しじよやく》及其他の參事會員と會中に在《あつ》ては市長と同一の議權《ぎけん》を有すと雖も議事外に在ては町村助役の町村長に於けると同く市長に對《たい》して補助員の地位《ちい》に在るものとす（市制第六十九條、第七十四條第二項）殊《こと》に都府《とふ》の地に於ては分業《ぶんげふ》の必要なる可きを以て事務を分て參事會員に專任《せんにん》せしむること最も緊要《きんえう》なりとす此習慣に應せんが爲め本制《ほんせい》は之を市條例の適宜《てきぎ》定《さだ》むる所に讓《ゆづ》り（市制第六十九條第三項）以て各地《かくち》方《はう》の便《べん》に從はんとす

四　委員《ゐゝん》

委員を設くるは市町村人民をして自治《じち》の制に習熟《しふじゆく》せしめんが爲めに最効益《もつともこうえき》あり委員あるときは多數の公民《こうみん》をして市町村の公益《こうえき》の爲《ため》に力を竭《つく》す事を得せしめ自治の効用《こうよう》を擧《あ》くることを得可し何となれは市町村公民は特《ひと》り會議《くわいぎ》又は參事會に加《くは》はるのみならす委員の列《れつ》に入りて市町村の行政に參與《さんよ》し之に依て自ら實務の經驗《けいけん》を積《つ》み能く施政の難易《なんい》を了知《りよう》することを得可し又地方の事情を表白《へうはく》するの機會《きくわい》を得て大に專務吏員の短處《たんしよ》を補《おぎな》ふことを得可し蓋《けだ》し委員は自治の制《せい》に於て緊要《けんにう》なる地位《ちゐ》を占むるものにして本制施行の際委員の設けを促《うなが》して市町村公民をして之に參與せしめんことを務む可し委員の廢置《はいち》は固《もと》より市會町村會の決議に在り其組織及職務は市町村條例《れい》の定《さだ》むる所に在りも雖も町村長及市參事會は正經《せいけい》の行政機關にして委員は其一部分に參與するに過きされば委員は町村長若《も》しくは市參事會に從屬《じうぞく》し概《おほむ》ね市長若くは町村長を以て委員長と爲し參事會員を以て多《おほ》く之に加《くは》へ市會町村會議員も亦成《またなる》へく此委員に列《れつ》せしめんことを要《えう》す市會

町村會の議員《ぎゐん》にして行政《ぎやうせい》の事務に加はるときは能《よ》く施政《しせい》の緩急利害《かんきふりがい》を辨識《べんしき》し行政吏員《りゐん》と互《たがひ》に協同《どう》して事務を擔任《たんにん》するの慣習《くわんしう》を生《せう》し自《みづか》ら代議《だいぎ》機關《きくわん》と行政機關との軋轢《あつれき》を防制《ばうせい》することを得可し

五　區長

區域廣濶《くゐきくわうくわつ》又は人口稠密《ちうみつ》の地は施政《しせい》の便《べん》を計《はか》らんが爲め之を數區《すうく》に分《わか》つの必要《ひつえう》ある可し故に本制《ほんせい》は市町村に區を劃設《かくせつ》することを許し之に區長《くちやう》及代理者《だいりしや》なる行政の機關《きくわん》を設置《せつち》せり此機關は其市町村の行政廳《ぎやうせいちやう》に隷屬《れいぞく》するものにして其指揮命令《しきめいれい》を奉《ほう》して事務を區内《くない》に執行《しつかう》するものとす其委任《ゐにん》事務の範圍《はんゐ》は土地《とち》の情況《じやうきやう》と市町村行政廳の酌量《しやくりやう》に在るものにして豫《あらかじ》め之を定めすと雖《いへど》も區長は名譽職《めいよしよく》にして別《べつ》に區の附屬員《ふぞくゐん》なる者《もの》あるにあらされは（三府を除くの外）實際《じつさい》此事情《じじやう》を斟《しん》酌《しやく》せさる可らす要《えう》するに區は市町村内別に特立《とくりつ》したる一の自治体《じちたい》たるに非《あら》す區長も亦《また》其固有《こいう》の職權《しよくけん》あるに非《あら》すして單《ひとへ》に市長町村參事會の事務を補助《ほじよ》執行《しつかう》するの便《べん》に供ふるに過きす故に區長《くちやう》は市町村の機關《きくわん》にして區の機關に非す區は法人の權利を有《いう》せす、財産《ざいさん》を所有《しよいう》せす歳計豫算《さいけいよさん》を設《まう》けす又議會若《ぎくわいもし》くは其他の機關を存《そん》することなし蓋《けだ》し區を設くるときは施政《しせい》の周到《しうたう》なるを得可く一市町村内の各部《かくぶ》に於て利害《りがい》の軋轢《あつれき》するを調和《てうくわ》し市町村費賦課《ひふくわ》の不平衡を矯《た》め又能《よ》く行政の勞費《らうひ》を節略《せつりやく》するを得可し要するに區長を設くるは更《さら》に自治の良元素を市町村制中に加ふるものにして舊制《きうせい》の伍長組長《ごちやうくみちやう》等の例《れい》を襲用《しうやう》せるなり但し從前《じうせん》の區内に存する戸長の類と混《こん》すへからす又區にして從來固有《じうらいこいう》の財産《ざいさん》ある時の例《れい》は第五章の説明《せつめい》に詳述《せうじゆつ》す可し

六　其他の市町村吏員

以上市町村吏員《りゐん》の外收入役《ほかしうにふやく》あり（市制第五十八條、町村制第六十二條）其職掌は市町村有財産《ざいさん》と連帶《れんたい》して説明《せつめい》す可し又書記其他技術《ぎじゆつ》上に要する吏員あり又使丁なる者あり機械的《きかいてき》に使用する者とす此等《これら》の吏員《りゐん》を置き相當《さうたう》の給料《きふれう》を與《あた》ふるは市町村の義務とす（市制第百十七條、町村制第百二

十一條）

町村に於ては書記《しよき》其他の吏員《りゐん》を置《お》き俸給《ほうきふ》を支出《しゝゆつ》するの義務ありと雖も本制《ほんせい》は小町村の爲《た》め一の便法《べんぱふ》を設《まう》け町村長に一定の書記料《しよきれう》を給《きふ》して其便宜《べんぎ》に從ひ書記の事務《じむ》を保擔《ほたん》するを許《ゆる》さんとす此便法を設け及其書記料《しよきれう》の額《がく》を定《さだ》むるは町村會の職權《しよくけん》に在《あ》る可きものとす（町村制第六十三條第一項）若し町村長に於て其金額《きんがく》に不足《ふそく》ありと爲《な》すときは町村制第七十八條に依り之を郡參事會に申立つることを得可し其他の細目《さいもく》は今之《いまこれ》を制定せす蓋《けだし》書記料を給與《きふよ》するときは町村長に於ては自ら其事務費を節約《せつやく》することを得可し監督官廳も亦《また》能く是に注意《ちうゐ》し公務上支障《こうむじやうしゝやう》なき限《かぎ》りは町村に說《せつ》示して繁雜《はんざつ》を省《はぶ》き冗費《ぜうひ》を減《げん》せんことを務《つと》めさる可からす要するに本制は分權《ぶんけん》の主義に依り名譽《めいよ》職を設け從て從來《じうらい》の町村費を節減《せつげん》せんことを期《き》すと雖《いへど》も若し市町村に於て度外《どぐわい》の節約《せつやく》を行ひ依て公益を害するに至らんとするときは監督《かんとく》官廳《くわんちやう》に於ては則ち之に干涉《かんせう》するの道あり市は勿論《もちろん》其他大なる町村に於ては文化《ぶんくわ》の進むに從ひ高等《かうとう》の技術員（法律顧問《こもん》、土木《どぼく》工師《し》、建築技師《ぎし》、衞生技師《ゑいせいぎし》等の類）を使用す可き必要を生するに至る可し之を使用するには或は通常《つうじやう》雇入《やとひいれ》の契約《けいやく》を以てし或は市町村吏員と爲すこともある可し又時宜《じぎ》に依り之を有給《いうきふ》の助役《じよやく》として任用《にんよう》するの便あり本制は此件《けん》に關《くわん》しては全く市町村の自由《じいう》に任せんとす尤《もつとも》警察學事《けいさつがくじ》等《とう》の爲めに特別《とくべつ》の人員を置くに付ては別段《べつだん》の法規《はふき》を要す可しと雖も皆是別法《べつはふ》を以て定《さだ》む可きものなり

市町村の公務《こうむ》に任《にん》する者は名譽職《めいよしよく》と專務職《せんむしよく》との二種に分つと雖も本制に於て主として名譽職を擴張《くわくちやう》したる理由《りいう》を上に之を論述《ろんじゆつ》したるか如し又本制に於て名譽職と爲すへきことを規定《きてい》したる場合《ばあひ》に於ては市町村は必《かならず》之に遵依《じゆんい》す可し決して有給職《いうきふしよく》と爲すを得す然れとも小町村に於て名譽職《めいよしよく》に屬《ぞく》するものと雖も大市町村に在《あり》ては專務吏員《せんむりゐん》を置くを要することあり專務職とて特別《とくべつ》の技術若くは學問上《がくもんじやう》の養成《やうせい》を要する職務並事務繁多《はんた》にして本業《ほんぎよう》の餘暇《よか》を以て無給《むきふ》にて負擔《ふたん》せし

むることを能《あた》はさる職務《しよくむ》なり此の如き職務は有給吏員《いうきふりゐん》と爲すを常例《じやうれい》と爲《な》せり此條例の範圍《はんゐ》内《ない》に於て市町村は自已の便宜《べんぎ》に依《よ》り有給吏員若くは無給吏員を置く可きものとす

今《いま》本制に於ては市長市助役市町村收入役及《しうにふやくおよび》市町村附屬員使丁《ふぞくゐんしてい》は皆專務吏員《せんむりゐん》と爲す可き者とす町村長町村助役は名譽職《めいよしよく》と爲すを原則《げんそく》とすと雖も町村の情況《じやうけう》に依《よ》て之を有給《いうきふ》の專務職《せんむしよく》と爲すを得せしむ（町村制第五十五條第五十六條）市參事會員《しさんじくわいゐん》（市長助役を除《のぞ》く）委員《ゐゐん》區長は名譽職とす但三府の區長は有給吏員《いうきふりゐん》と爲《な》すことある可し

專務《せんむ》吏員及《りゐんおよび》名譽職吏員は共《とも》に市町村吏員なり本制に於て其區別《くべつ》を爲《な》さゝるものは總《すべ》て此兩種《このりようしゆ》に適用《てきよう》するものとす又市町村吏員たる者《もの》は其何《そのいづ》れの種類《しゆるゐ》に屬《ぞく》するに拘《かゝは》らす法律に準據《じゆんきよ》して所屬《しよぞく》の官廳及市町村廳に對《たい》して從順《じうじゆん》なる可《べ》く均《ひと》しく懲戒法に服從《ふくじふ》す可し其懲戒《ちようかい》を行ふ者は町村長及市參事會（町村制第六十八條第二項第五、市制第六十四條第二項第五）及監督官廳（郡長、府縣知事）の任とす　町村制第百二十八條、市制第百二十四條）懲戒の罰として本制は左の三種を設く

一　譴責《けんせき》
二　過怠金《くわたいきん》
三　解職《かいしよく》

譴責及ひ過怠金《くわたいきん》に處《しよ》するは當該吏員《たうがいりゐん》の專決《せんけつ》に屬《ぞく》し其處分《しよぶん》に對《たい》する訴願《そぐわん》も均《ひと》く當該吏員《たうがいりゐん》の裁決に任し其裁決《さいけつ》に不服《ふふく》ある者は行政《ぎやうせい》裁判所に出訴《しゆつそ》することを得せしむ是專《もつぱ》ら懲戒權《ちようかいけん》の執行《しつかう》を嚴肅《げんしゆく》ならしむる所以《ゆゑん》なり獨《ひと》り解職《かいしよく》の處分《しよぶん》に對《たい》しては大に保護《ほご》を加《くは》へさる可からす（但隨時解職《たゞしずゐじかいしよく》し得可き吏員《りゐん》は懲戒《ちようかい》裁判の法に依らす解職するを得せしむ）故に本制《ほんせい》は解職の理由《りいう》を指定《してい》せるのみならす（但行狀《たゞしぎやうじやう》を紊亂《びんらん》し廉恥《れんち》を失ふとは公務上に止らす私行《しかう》に關する事も包含するものなり）郡參事會《さんじくわい》府縣參事會なる集議體《しふぎたい》の裁決《さいけつ》に任《にん》せり（市制第百二十四條、町村制第百二十八條）

專務吏員《せんむりゐん》及名譽職吏員《めいよしよくりゐん》とも職務上大率《しよくむじやうおほむ》ね同《どう》一の權利義務を有《いう》すと雖も深《ふか》く其性質《せいしつ》に就《つい》て考《かんが》ふるときは互《たがひ》に相異《あひこと》なる所あり專務職《せんむしよく》を辭《じ》するは吏員《りゐん》の隨意《ずゐい》に任かすと雖も名譽職《めいよしよく》は公民《こうみん》の義務としてこれに應《おう》せさるを得す其已《すで》に擔當《たんたう》したる職務を繼續《けいぞく》するの義務あると否《いな》とに付ても亦此差別《またこのさべつ》あり(市制第八條、第五十五條、第三項、町村制第八條、第五十七條)又市制第五十六條、第五十八條、及町村制《てうそんせい》第五十八條、第六十二條の制限《さいげん》の如きは專務吏員《せんむりゐん》に非《あら》されば負擔《ふたん》せしむることを得す市制第五十九條、町村制第六十三條、に記載《きさい》したる吏員《りゐん》は其任用《にんよう》の時此等《これら》の關係を約定《やくてう》するを可とす有給職《いうきふしよく》に任用するに其市町村の公民たる者《もの》に限《かぎ》らさるは徒《いたづら》に選擇《せんたく》の區域《くゐき》を減縮《げんしゆく》せさらんか爲なりと雖も高等《かうとう》の有給吏員《いうきふりゐん》には其職に就《つ》くと同時《どうじ》に其《その》市町村の公民權を付與《ふよ》することを當然《たうぜん》なり(市制第五十三條、第五十八條町村制第五十六條第二項)專務吏員《せんむりゐん》は一身の全力《ぜんりよく》を擧《あ》けて市町村の爲《ため》に盡《つく》す可《べ》きを以て相當《さうたう》の給料《きふれう》を受《う》くるは元《もと》より至當《したう》なりと雖も名譽《めいよ》の爲めに就職《しうしよく》する公民には給料《きふれう》を給《きふ》せす(市制町村制第七十五條)尤《もつと》も市町村の公務《こうむ》の爲めに要《えう》する實費《じつぴ》は之《これ》を辨償《べんしやう》せさるを得す唯其《たゞその》名譽職の事務頗る繁忙にして本業を妨《さまたげ》らるゝときは多少《たせう》の報酬《ほうしう》を與《あたふ》るは當然なり其額《そのがく》は固《もと》より勤勞に相當《さうたう》せさる可からす此規則《このきそく》は町村長(町村制第五十五條第二項)は勿論《もちろん》町村助役《じよやく》及名譽職市參事會員にして市町村事務《じむ》を分任《ぶんにん》する者《もの》(市制第六十八條第二項、町村制第五十五條第二項)の爲《ため》に之を設く其報酬額《ほうしうがく》は市町村會之を議定《ぎてい》し(市制町村制第七十五條)其額《そのがく》に關する爭論《そうろん》は市制《しせい》町村制第七十八條に依《よつ》て處分《しよぶん》し司法裁判《しはふさいはん》を求《もと》むるを許《ゆる》さす有給《いうきふ》市町村吏員《りゐん》の財産上の要求《えうきう》は上《かみ》に記載《きさい》したる理由《りゆう》あるに依り其職重《しよくおも》けれは從《したがつ》て其給料に關して官廳《くわんちやう》の干渉《かんせふ》を要《えう》すること多《おほ》しとす尤給料額《きふれうがく》は元來市町村の自《みづか》ら定《さだ》むる所《ところ》に任し條例《でうれい》を設《まう》けて之《これ》を一定《てい》し又は選任《せんにん》の前《まへ》に方《あたり》て議會の議決《ぎけつ》を以て之《これ》を定む可《べ》し然れとも監督官廳は斯《か》く市町村の定《さだ》むる給料《きふれう》を以て多《おほ》きに過き又は不足《ふそく》ありと爲すときは認可《にんか》を拒《こば》み所屬《しよぞく》の參事會をして之

を断定《だんてい》せしむるの權利《けんり》あり

有給《いうきう》市町村吏員には退隠料《たいゝんれう》を給するを當然《たうぜん》とす然れ其市町村吏員に對《たい》して官吏《くわんり》の恩給令《おんきうれい》を適用《てきよう》することを得す是其位地《ちゐ》の異《こと》なるのみならす市吏村吏員は定期《ていき》を以て選任せられ任期滿限《にんきまんげん》の後再選《さいせん》若《もし》くは再任を受くるに非れは其職《しよく》に在らさるを以てなり若《も》し其吏員任期滿限後再選若《さいせんもし》くは再任《さいにん》せられさるときは遽《にはか》に糊口《こう》の道《みち》を失《うしな》ふに至る可し故に此結果《このけつくわ》を防《ふせ》くに非《あら》されは一方に在ては有力の人遜《そん》て市町村の職に就くことを屑《いさぎよ》しとせさる可く一方に在ては再選に依《よう》て生計《せいけい》を求《もとむ》るか如き輩《はい》をして常に市町村會の鼻息《びそく》を窺《うかゞ》ひ以て公益《こうえき》を忘《わすれ》しむることなしとせす加《くわふ》るに市町村の職務は昇等增給《せうとうぞうきう》の途少《みちすくな》きを以て其退隠料《たいゐんれう》を給《きふ》するは官吏より厚《あつく》するを至當《したう》とす然共《しかれとも》目下《もくか》一定の法律を以て之を定めんよりは寧《むしろ》市村町の條例《でうれい》を以て之を設定《せつてい》せしむるの便《べん》なるに若《し》かさるなり有給《いうきう》と無給《むきう》とを論《ろん》せす凡市町村吏員の職務上《しよくむじやう》の收入《しうにふ》は市町村の負擔《ふたん》たること疑《うたがひ》を容れすと雖も之か明文《めいぶん》を掲《かゝ》くるも亦《また》無用《よう》にあらさる可し（市制町村制第八十條）

市町村と吏員との間《あひだ》に起《おこ》る給料及退隠料《たいゝんれう》の爭論《そうろん》は司法《しはふ》裁判に付せす市制町村制第七十八條に依て處分す可きなり其條諸は此方法を以て足れりとす之に反《はん》して市長と國庫《こくこ》との間に起《おこ》る給料及退隠料の爭論《さうろん》と一般の法律規則《はふりつきそく》に據《より》て處分す可し

結局《けつきよく》に至て殊《こと》に注意《ちうい》す可きことあり抑《そもそく》退隠料の規則《きそく》を設《まう》くるときは市町村の負擔《ふたん》を加重《かちう》するの恐《おそれ》ありと雖も他國《たこく》の實驗《じつけん》に據《よ》れは之を決《けん》して多額《たがく》の負擔《ふたん》を爲すものにあらす市町村に於《おい》ては多く適任《にん》の吏員を再選《さいせん》し吏員も亦《また》再選を受《う》けさるときは必《かならず》他の地位《ちい》を求《もと》めさる者あらさる可し故に實際《じつさい》退隠料を支出《しゆつ》するの割合《わりあひ》は甚《はなは》た少《もくか》かる可きなり又一方より論《ろん》するときは市町村の盛衰《せいすゐ》は有爲《ゐ》の人材を得《う》るの多少《たせう》に關し有爲の人材《じんさい》を得ると得さるとは其生計《せいけい》を安全成《あら》しむると否《いなや》とに關するものにして市町村自治の權を得るに於《おい》ては退隠料負擔《ふたん》の如きは之を重《おも》しと謂《い》ふ可からす況

や有給の町村長助役を設《まう》けさる町村に於《おい》て之此負擔《このふたん》を受《う》くるの場合少《ばあひすくな》きに於てをや又《また》况や名譽《めいよ》職《しよく》を設《まう》くるに於ては行政《ぎやうせい》の費用《ひよう》大に減少《げんせう》す可きに於てをや蓋《けだし》市町村の繁榮《はんえい》は斯《かく》の如き法《はふ》ありて始《はじ》めて將來《しやうらい》に期望《きまう》す可きなり

市制《しせい》町村制第四章　市町村《しちやう》有財產の管理《くわんり》

市町村に於《おい》て自ら其事業《じげふ》を執行《しつかう》するに付ては必《かならず》之《これ》に要《えう》する所の資金《しきん》なかる可《べか》らす故ゝ各《かく》市町村固有《こゆう》の經濟《けいざい》を立て以て必要《ひつえう》の費用《ひよう》を支辨《しべん》するの道《みち》を設く可し則市町村は財產權《ざいさんけん》を有《いう》すること概《おほむ》ね一個人《こじん》と同一なり然れとも細《こまか》に觀察《くわんさつ》するときは其一個人又は私立組合《しりつくみあひ》の類《るゐ》と相異《こと》なるものと市町村の事業《じげふ》及支出《ししゆつ》の大半は法律《はふりつ》規則に依《よつ》て定まり市町村民に對して其義務として負擔《ふたん》せしむることを得るの一點に在《あ》り蓋《けだし》市町村の經濟《けいざい》は之を汎《はん》論する時は一個人と同《どう》一の權利を有する者《もの》にして市町村ゝ自ら其經濟《そのけいざい》を管理するの專權ありと謂《い》ふ可《べ》し而《しか》して之《これ》に二樣《やう》の制限あり第一市町村の資力《しりよく》を大に國家《こくか》の消長《せうちやう》に關係あるを以て政府《せいふ》は須《すべから》く此點ゝ注意《ちうゐ》せさる可らす第二政府は市町村の經濟《けいざい》を以て國《くに》の財政《ざいせい》に抵觸《ていしよく》せさらしめ之か爲めに國の財源を涸渴《こかつ》せさらんことを務めさる可からす故に市町村の財政《ざいせい》を以て立法《りつぱう》の範圍に入れ立法權を以て市町村の財政に關する法規《はうき》を設《まう》けて之《これ》を恪遵せしむへき而已《のみ》ならす其經濟上《けいざいじやう》の處分苟《いやし》くも國の利害《りがい》に關涉するものは皆《みな》政府の許可《きよか》を得《え》せしめんとす

以上《いじやう》の論點に關する規定《きてい》は市制《しせい》第四章及第六章幷《ならびに》町村制第四章及第七章に載《の》す抑町村制の經濟《けいざい》に對《たい》し政府《せいふ》の干涉する所の程度《ていど》は自治制度《じちせいど》を論する者の觀る所に依て各異《こと》なる所ある可しと雖も要《えう》するに市町村の行政に對《たい》し官廳の監視を重《おもん》して之を拘束《こうそく》するに過くる時は其弊《へい》や遂《つい》に市町村の便宜を妨《さまた》け其自ら進て幸福《かうふく》を求《もと》むるの道《みち》を阻礙《そがい》するを免《まぬか》れさらんとす然れとも一方より見るときは自ら從來《じうらい》の慣行《かんかう》ありて遽に之を變し難《がた》きものあり故《ゆへ》に漸を以《もつ》て市町村の自主《じしゆ》を擴張《くわくてう》す

るを是《せ》なりとす此點《このてん》に於《おい》ては本制は最愼重《しんちやう》を加《くは》へ今日の情勢《じやうせい》に照《てら》して適度《てきど》を得《え》たりとする所を以て制定《せいてい》せり

市町村の法人《ほふじん》たるは已《すで》に法律の認《みと》むる所なれば市町村の財産を所有《しよいう》するの權利を有すへきことを固《もと》より疑《うたがひ》を容《い》れす而して市町村財産に二種《しゆ》の別《べつ》あり〔甲〕市町村の費用《ひよう》を支辨するが爲めに消費《ひ》するものあり例《たと》へば土地《とち》家屋《かおく》等の貸渡《かしわたし》料《れう》營業《えいげう》の所得《しよとく》、市町村税《ぜい》及手數料《てすうれう》等の如き是なり又基本財産と稱《しよう》するものなり基本財産は其入額《にふがく》を使用《しよう》するに止《とゞ》まり其原物を消耗《せうもう》せさるものとす蓋《けだし》此區別《くべつ》を立つるは市町村の資力《しりよく》を維持《いぢ》するが爲めに極《きは》めて緊要なるものにして國家は特《とく》に市町村の基本財産を保護《ほご》して其濫費《らんぴ》を防かさる可からす且經常歲入《けいじやうさいにふ》の外《ほか》に臨時の收入例《しうにふれい》へは寄附金《きふ》穀《こく》の如きは成《なる》べく經常歲費《けいせう》に充《み》てしめさるを要す唯《たゞき》寄附者《ふしや》に於て寄附金支出《しゝゆつ》の目的《もくてき》を定めたるか或《あるひ》は非常《ひじやう》の水害若《もし》くは凶荒《けうかう》等の爲め經常の收入を以て其費途《ひと》に充つるに足らさるが如きの場合は固《もと》より別段《べつ》なりと雖も是亦《これまた》上司の許可《きよか》を受くるを要すと爲すは其經濟上の處分を重する所以なり（市制第八十一條、第百二十三條第二、町村制第八十一條、第百二十七條第二）〔乙〕凡市町村の財産は市町村一般の爲《ため》に使用《しよう》するは固《もと》より言を俟《ま》たす故《ゆへ》に特に之を法律に揭載するを要せすと雖も若し住民中其財に對して特別《とくべつ》の權利を有する者あるときは自ら其證明《せう》を立つるの義務《ぎむ》あり即《すなはち》民法上其證明を認むるに於ては特別《とくべつ》の權利を有するものとし其證明なきものは即《すなはち》一般の使用《しよう》權あるものとす（市制町村制第八十二條）

市町村の所有《しよいう》に屬《ぞく》する不動產《ふどう》の使用を直接《ちよくせつ》に住民に許すは從來の實例《じつ》少しとせす故《ゆへ》に其舊慣《きう》あるものは特《とく》に之《これ》を存し今より後《のち》は概して新《あらた》に使用《しよう》を許《ゆる》すを禁せり（市制町村制第八十三條、第八十四條）又《また》一方に於ては使用權に相當《さうたう》する納稅義務《なふぜいぎむ》を定め（市制町村制第八十五條）且條例に依り使用者《しようしや》より金圓を徵收《ちやうしう》することを許せり（市制町村制第八十五條）然れども其使用を許したる物件《けん》は元來《ぐわんらい》市町村の所有物《しよいうぶつ》にして使用の權利は市町村住民たる資格《しかく》に隨伴《ずゐばん》するものなれは市町村は固《もと》より使用權《しようけん》を制限《せいげん》し若《も》しくは取上《とりあ》くるの權利なかる可らす（市制町村制第八十六條）但其議《たゞしそのぎ》決《けつ》は上司《じやうし》の許可《きよか》を受くるを要すと爲すは（市制第百二十三條第四、市町村第百二十七條第四）細民無産の徒《と》の不利《ふり》となる可きものを防《ふせ》かんか爲めなり之を要爲に以上の規定は市町村住民たる資格《しかく》に附隨《ふずゐ》する使用權《しようけん》にのみ用ふるものにして民法上の使用權には關係なきものとす蓋此使用權は民法に據て論定《ろんてい》すへきものにして其爭論《そうろん》も亦司法《しはう》裁判所の判決に屬《ぞく》すへきものとす而《しか》して前段《ぜんだん》の使用權《しようけん》に關する爭論《そうろん》は市制町村制第百五條に依て處分《しよぶん》す可きなり

市町村財産の管理《くわんり》は町村長及ひ市參事會の擔任《たんにん》とす（町村制第六十八條、市制第六十四條）其管理上市町村會の議決に依る可きは町村制第三十三條、市制第三十一條及市制町村制第八十七條等に於てし又上司《じやうし》の許可《きよか》を受く可き條件は載せて市制第百二十三條、町村制第百二十七條等に在《あ》り

市町村は其住民《そのぢうみん》をして市村村の爲めに義務を盡《つく》さしむるの權利《けんり》なかる可からすして此權利なきときは共同《けうどう》の目的《もくてき》を達《たつ》することも能《あた》はさるは上既《かみすで》に之を論述《ろんじゆつ》せり其義務の廣狹は市町村事業《じげふ》の範《はん》圍《ゐ》に從はさる可からす其事業と全國《ぜんこく》の公益の爲めにするものあり或は一市町村局部《きよくぶ》の公益より生するものあり其全國の公益に出つるものは軍事《ぐんじ》、警察《けいさつ》、敎育等《けういくとう》の類《るゐ》にして是皆別《べつ》に規定す可きものとす其局部《そのきよくぶ》の公益より生するもの即共同事務《けうどうじむ》は各地方の情況に從て異同あれは茲に枚擧《まいきよ》するに暇《いとま》あらすと雖も農業經濟《のうげふけいざい》、交通事務《かうつうじむ》、衞生事務等《ゑいせいじむとう》の如きは其最重要《さいぢうよう》なるものとす之を要《えう》するに一市町村の公益上に於て必要《ひつえう》なる事項は悉《ことごと》く共同事務に屬《ぞく》すへきなり本制に於て設けたる委任の國政事務《こくせいじむ》と固有《こいう》の事務即共同事務《けうどう》との區別《くべつ》は專《もつぱ》ら市町村長の地位の兩岐《りやうき》に分《わか》る、所にして且《かつ》市町村の必要事務《ひつえう》と隨意事務《ずゐい》との區別《くべつ》を立《た》つるの根據《こんきよ》となるものなり即此區別は官權《くわんけん》の及ふ

可き限界を立《た》つるに在《あ》りて必要《ひつえう》事務は監督官廳に於て强制豫算《けうせいよさん》の權利（市制第百十八條、町村制第百二十二條）あるものとす而《しか》して必要事務とは委任の國政事務は勿論共同事務中市町村の需《じゆ》要《えう》に於て闕く可からざるものに限《かぎ》り必要事務と謂ふを得可し市制町村制第八十八條の規定は實《じつ》に此《この》精神に出てたるものにして市制第百十八條町村制第百二十二條に云ふ所のものも亦同し此《かく》の如き規定あるときは共同行政《けうどうぎやう》上の事件《じけん》に至るまで市町村の意向《いかう》を顧《かへり》みずして負擔《ふたん》を受けしむることを得《う》從《したがつ》て官の監督權は重《おも》きに過《すぐ》るの恐《おそれ》ありと雖も一方より考ふるときは全く撿束《けんそく》を解きて市町村の自由《じゆう》に任するは却《かへつ》て將來の爲め顧慮する所あり故に市町村の公益上《こうえきじやう》已むを得さるものは暫《しばら》く市町村會の意見に拘《かゝは》らす監督官廳の命令を以て之を决行《けつかう》するの權利を存せさるを得す但其《たゞしその》處分に對しては上訴《じやうそ》を許したるを以て專制の弊を免《まぬか》るゝを得べし其他《そのた》必要《ひつえう》の支出も本制市町村の組織《そしき》に關する條件中《でうけんちう》に含有《がんいう》せり隨意事務に就《つい》ては市町村に十分の自由《じいう》を與《あた》ふと雖も若し過度《くわど》の負擔《ふたん》を爲すに至ては之を制《せい》するにも市制第百二十三條第六、町村制第百二十七條第六の規定《きてい》を適用《てきやう》するを得可し

市町村に於て其費途を支辨するが爲め左の歳入あり

一 不《ふ》動産《どうさん》資《し》金營業《きんえいげふ》（瓦《が》斯局水道等《すきよくすゐだうとう》の類《るゐ》）の所得《しよとく》

二 市町村の金庫《きんこ》に收入《しうにふ》する過怠金科料《くわいたいきんくわれう》（市制第四十八條第六十四條第二項第五、第九十一條、第百二十四條、町村制第五十條、第六十八條第二項第五、第九十一條、第百二十八條）

三 手數料《てすうれう》、使用料《しようれう》

四 市稅《しぜい》、町村稅

手數料《てすうれう》とは市町村吏員の職務上《しよくむじやう》に於て一箇人の爲め特《とく》に手數を要するが爲め市町村に收入する

ものを謂《い》ひ使用料《しようれう》とて一箇人に於て市町村《しちやうそん》の營造物等《えいざうぶつとう》を使用するか爲め其料金《れうきん》を市町村に收入するものを謂ふ例《たと》へば手數料《てすうれう》とは帳簿記入《ちやうぼきにふ》又は警察事務《けいさつじむ》上に於て特《とく》に調査《てうさ》を爲すときの收入を謂ひ使用料とは道路《だうろ》錢橋錢等の類《るゐ》を謂《い》ふ

手數料、使用料の額《がく》は法律勅令に定《さだ》むるもの〻外《ほか》市町村會の議決《ぎけつ》を以て定むへきものなり（市制第三十一條第五、町村制第三十三條第五）尤《もつとも》市町村條例を以て一般《ぱん》の規定を設《まう》け（市制町村制第九十一條）其地の慣行《くわんかう》に依り相當《さうたう》の手續《てつゞき》を以て公告《こうこく》すへきものとす

且《かつ》若《も》し手數料《てすうれう》使用料を新設《しんせつ》し又は舊來《きうらい》の額《がく》を增加《ぞうか》し又は其徵收《ちやうしう》の法を變更《へんかう》するときは內務大藏兩大臣の許可《きよか》を受くるを要《えう》す（市制第百二十二條第二、町村制第百二十六條第二）但徵收の法を改《あらた》むることなくして唯《たゞ》其額を減《げん》するに過《す》ぎざるときは其許可を受くるを要せず

手數料又は納むるの義務あるは行政上《ぎやうせい》の手數を要する者にして使用料を納《をさ》むるの義務あるは營造物等を使用する者とす之を免除《めんじよ》するは市制町村制第九十七條、第九十八條の場合《ばあひ》に限《かぎ》る可し第九十六條の場合は町村の課稅《くわぜい》を免除《めんじよ》するに止《とゞま》りて手數料、使用料等の事に及ばざるなり

町村稅に關しては本制は成るへく現行法《げんかうはふ》を存するの精神《せいしん》なり町村稅を十分に改正《かいせい》せんとすれば先《ま》つ國稅徵收法《こくぜいちやうしうはふ》を改正せざる可からず故に本制に於ては現行《げんかう》の原則《げんそく》に依り多少の修補《しうほ》を加《くわ》へたるに過《す》ぎず現今《げんこん》町村費《ひ》の賦課目《ふくわもく》即地價《ちか》割戶《わりこ》別割營業割等《べつわりえいげふわりとう》の如き皆《みな》國稅府縣稅に附加して徵收する者に外ならず又或は特別《とくべつ》の町村稅あり故に本制《ほんせい》に定むる所の課目《くわもく》は現行の課目を存するに於て妨《さまた》けなきものなり

附加稅《ふかぜい》とは定率《ていりつ》を以て國稅府縣稅に附加するものにして納稅の負擔に偏輕偏重《へんけいへんてう》の患《うれい》なからしめんか爲《た》めに其準率《じゆんりつ》を均一《きんいつ》にするを例則《れいそく》とせり（市制町村制第九十條）其賦課法を定むるは市町村會の職權《しよくけん》に屬《ぞく》す故《ゆへ》に市町村會は臨時の議決又は豫算《よさん》議定《てい》の際《さい》に之を議決すへきなり若し此例則《れいそく》

の外《ほか》に於て課法《くわはう》を設《もう》けんと欲《ほつ》するときこそ郡參事會《ぐんさんじくわい》(町村制第百二十七條第七)若くは府縣參事會(市制《しせい》第百二十三條第七)の許可《きよか》を受くるを要《えう》す

税率《ぜいりつ》の定限《ていげん》は豫《あらかじ》め之を設けすと雖も獨《ひと》り地租《ちそ》及直接國税《ちよくせつこくぜい》に於てこそ市制第百二十三條第三、町村制第百二十六條第三に定《さだ》めたる制限《せいげん》を越《こ》ゑんとするときは内務大藏兩大臣の許可《きよか》を受くるを要す是《こ》れ國庫《こくこ》の財源《ざいげん》に關係《くわんけい》する所あるを以てなり就中《なかんづく》地租《ちそ》の如きは從前《じうぜん》此定限《ていげん》を超過《とうくわ》するを得るは非常特別《ひじやうとくべつ》の場合《ばあい》に限れり而して特別許可の道《みち》を存《そん》せざるか如きは地方に依《よ》りては却《かへ》つて課税《くわぜい》の平均《へいきん》を得さるの弊《へい》あり是れ本制現行《げんかう》の例《れい》を移《うつ》して多少の便法《べんぱふ》を開《ひら》きたる所以《ゆゑん》なり間接税《かんせつぜい》は概《おい》して市町村の附加税《ふかぜい》を課《くわ》するに便ならず故《ゆへ》に市制第百二十二條第四及び町村制第百二十六條第四に從ひ準て官の許可《きよか》を要《えう》すとせり各種國税《かくしゆこくぜい》府縣税の内何《うちいづ》れを直税《ちよくぜい》とし又何れを間税《くわんぜい》とす可きかは往々《わう〳〵》疑點《ぎてん》を生《せう》することあり此區別《このくべつ》に就《つい》ては今内務大藏兩省の省令《せうれい》を以て之を定むること、せり(市制第百三十一條、町村制第百三十六條)

附加税《ふかぜい》の特別税《とくべつぜい》に優《まさ》る所以《ゆゑん》のものは附加税に在ては納税者《のうぜいしや》既に國税《こくぜい》又は府縣税の賦課《ふくわ》を受くるを以て別《べつ》に其收益等《しうえきとう》の調査《てうさ》をなすを要《えう》せざるに在り唯《たゞ》其町村税は免除《めんぢよ》せさるも國税府縣税《こくぜいふけんぜい》の賦課を受けさる者(一箇人又は法人)に限《かぎ》り更に其調査《てうさ》を要す可《べ》きに付此場合《このばあひ》に於ては町村長若くは市參事會《しさんじくわい》に於て其國税府縣税徴收の規則《きそく》に據《よ》り其調査を爲さゝる可からず

特別税《とくべつぜい》は市制町村制第九十一條に從ひ條例《れい》を以て之を規定《きてい》せさる可からず此點《このてん》に於ては既に手數料に就て説明したる所に同し但《たゞし》特別税は市町村必要《ひつえう》の費用を支辨《しべん》するに附加税《ふかぜい》を以てし猶《ほた》足らさるときに限り始めて之を徴收するものとす(市制町村制第九十條)

市町村税を納むるの義務《ぎむ》を負擔《ふたん》する者に就《つい》ては一箇人と法人《ほうじん》とを區別《くべつ》せさる可からす即ち左の如し

一個人《いつこじん》

甲《かふ》

凡《およ》そ納税義務は市町村の住民籍《ぢうみんせき》に原《もとづ》くものとす(市制町村制第六條第二項)故《ゆへ》に此義務《このぎむ》は市町村内に住居《ぢうきよ》を定むると同時《どうじ》に起《おこ》るものなり故に一旦住居を定めたる者は時々他の市町村に滯在《たいざい》するてとありと雖《いへど》も納税義務を免《まぬが》る可きに非す若し之に反《はん》して住居を定めすして一時滯在するに止《とゞ》まる者は未《いま》た此義務を帶《お》びす唯三ケ月以上滯在するときは住居を占むると同く納税《のうぜい》の義務を生《せう》するものとす(市制町村制第九十二條)又假令《たと》ひ市町村内に住居若《ぢうきよもし》くは滯在《たいざい》せすと雖も其市町村内に土地家屋《ちかをく》を所有《しよゆう》し又は店舗《てんぽ》を定めて營業《えいげふ》を爲す者は均《ひと》しく其市町村の利益《りゑき》を蒙《こふむ》るに依り共《とも》に納税の義務ありとす但此義務は一般《いつぱん》の負擔《ふたん》に渉《わた》らすして唯其土地家屋營業若くは是より生する所得《しよとく》に賦課《ふくわ》す可き市町村税に限りて負擔の義務あるものとす(市制町村制第九十三條)住居と滯在《たいざい》とは常《つね》に必《かなら》す同一に歸せさるを以て或は重複《ちうふく》の課税を受くるの患なしとせす此弊害《このへいがい》を防《ふせ》くが爲めには則ち市制町村制第九十四條、第九十五條の規定《きてい》あり他國《たこく》に於ては往々《わう〳〵》住居《ぢうきよ》を定《さだ》むる市町村に特權《とくけん》を與《あた》ふるの例《れい》ありと雖も本制は特《とく》に此例に倣《なら》はす要するに此《かく》の如きは皆施行規《かうき》則《そく》中に適宜《てきぎ》の辨法《べんはふ》を定む可きことゝす

市町村税の免除《めんじよ》を受くるは市制町村制第九十六條及第九十八條に掲載《けいさい》したる人員《じんゐん》に限《かぎ》れり

乙《おつ》　法人《はふじん》

法人《はふじん》は市制町村制第九十三條に從《したが》ひ唯其《たゞその》所有の土地家屋若《ちかをくもし》くは之に依《よつ》て生《せう》する所得《しよとく》に賦課《ふくわ》する市町村税に限《かぎ》り納税す可きものとす抑《そも〳〵》法人とは政府《せいふ》、府縣(郡《ぐん》も亦郡制々定《またぐんせいくてい》の上は法人と爲すの見込《みこみ》なり)市町村公共組合《こうけうくみあひ》(例《たと》へは水利土功《どこう》の組合、社寺《しやじ》宗教《しうけう》の組合の類《るゐ》)慈善協會《じぜんけうくわい》、其他民法《みんはふ》及商法《しやうはふ》に從ひ法人たる權利を有す可き私法上《しはふじやう》の結社《けつしや》を謂《い》ふ其私法《しはふ》上の結社は市制町村制第九十七條の免税《めんぜい》の部《ぶ》に入れす又官設《くわんせつ》の鐵道電信《てつだうでんしん》の如きも官の營業《えいげう》に屬《ぞく》すと雖も是等《これら》は特《とく》に國家の公益

の為に免税《めんぜい》とす(市制町村制第九十三條)私設鉄道《しせつてつだう》に至ては各《かく》市町村に於て其收益《しうえき》を調査《てうさ》する煩る繁きを以て施行《しかう》規則中に於て詳《つまびらか》に之を規定《きてい》するを要す

凡そ納税《なふぜい》義務者に課税《くわぜい》するは総《そべ》て平等《べうどう》なる可きなり唯市制町村制第八十五條は此例外《れいぐわい》として使《し》用《よう》の土地物件に係る費《ひ》用《よう》を其使用者え課《くわ》せり又一市町村の数部若くは数區《もうく》に分《わか》れたるとき又一部一區の専用《せんよう》に属《ぞく》する營造物の費用は其一部一區の負擔《ふたん》とせり(市制町村制第九十九條第二項)尤其一部一區ま特別の財産《ざいさん》あるときは先《き》つ其収入《しふにふ》を以て其費用に充《あ》て猶《なほた》足らさる時特別に又一部一區の人民に課税《くわぜい》し又は一般全《ぜん》市町村税中に區別を立て其準據《にゆんきよ》を高くす可し之に反《はん》して第九十九條第一項の場合に於て数個人《もうこにん》の専用《せんよう》に属する營造物《えいざうぶつ》の費用は必其数個人の負擔《ふかん》とし之を他人に賦課《ふくわ》することを得さるものとす但市町村税を総《そべ》ての納税《のうぜい》義務者と平等に賦課《ふくわ》するを以て例則と為すか故に若《も》し此例則に違はんとするときは官の許可《きよか》を受くるを要す(市制第百二十三條第八、町村制第百二十七條第八)

各納税者の税額《ぜいがく》を査定《さてい》するは法律規則に依り市制町村制第百條の規定《きてい》に従ひ 町村長(町村制第六十八條第八) 及市参事會(市制第六十四條第八の) 擔任《かんにん》とす大なる町村及市に於ては之か為め専務《せんむ》の委員を設くるを便宜《べんぎ》とす

社會經濟《けいざい》法の稍進歩《やゝしんぽ》したる今日に在ては舊時《きうじ》の夫役現品《ふやくげんぴん》に代へて金納法《きんなふはふ》を行ふに至れり然れとも町村費の課出《くわしゆつ》に於ては夫役現品の法を存するも特《とく》に必要《ひつよう》なるのみならす往々《わうくわう》便利《べんり》なるものあり且古来《こらい》の慣行《くわんかう》今日ま傳ふる者其例少《れいせうな》からす夫役賦課《ふやくふくわ》は専ら道路、河溝《かこう》、堤防《ていばう》の修築防火水又は學校、病院の修繕《しうぜん》等の為めに行ふものなり殊《こと》に村落《そんらく》に在ては農隙《のうげき》の時を以て夫役《ふやく》を課《くわ》するとき又租税の負荷《ふか》を軽減《けいげん》せんが為めに大に便益《べんえき》とする所あり農民の如きは季節《きせつ》に依り夫役に應《おう》するを得るの間隙《かんげき》あることと市民と其趣《おもむき》を異《こと》にす且地方道路の開通《かいつう》を要するもの將来《しやうらい》必少からさる可きを以て夫役賦課の法を存するときは幾許《いくばく》か市町村の負擔《ふたん》を輕減《けいげん》するの效《かう》あることを必《ひつ》せり依て市制町村制第百一條に於《おい》て市町村に許《ゆる》すに夫役賦課の法《はふ》を以てせり但此點《てん》に於ては今日の經濟《けいざい》に適應《てきおう》せしめんか爲め本制《ほんせい》は本人自《みづから》其役に從事すると適當の代理者を出し又は金額《きんがく》を納むるとを以て義務者《ぎむしや》の選擇《せんたく》に任せり其金額に算出《さんしゆつ》するは其他の日雇賃《ひやうちん》に準《じゆん》し日數を以て等差《とうさ》を立つるを通例《つうれい》とす唯火災水害《くわさいすいがい》等の如き急迫《きふはく》の場合に於ては金納を禁《きん》することを得可しと雖も代人を出すは本人の隨意《ずゐい》に在るものとす

夫役は總《すべ》て市町村税を納《をさ》む可き者に賦課《ふくわ》し其多寡《たくわ》は直接《ちよくせつ》市町村税の納額に準するものとす若し此準率《じゆんりつ》に依らさるときは郡參事會(町村制第百二十七條第九)及府縣參事會(市制第百二十二條第九)の許可《きよか》を受くることを要す此場合の外は總《すべ》て市町村限り許可を受けすして之を賦課《ふくわ》することを得可し

一般《ぱん》に夫役を賦課《ふくわ》すると賦課せさると及た役の種類《しゆるい》幷範圍《はんゐ》を定むるとは市町村會の職權《しよくけん》(市制第三十一條第五町村制第三十三條第五)に屬《ぞく》し之を各個人《かくこじん》に割賦《くわつぷ》することは町村長(町村制第六十八條第八)及市參事會《みさんじくわい》(市制第六十四條第八)の擔任《たんにん》とす

以上市町村の收入は皆公法上の收入に屬爲《ぞくする》者にして其徵收《ちやうしう》は市制町村制第百二條より第百五條に準據《じゆんきよ》す可者とす而して其賦課徵收上《ふくわちやうしうじやう》の不服は司法裁判所に提出爲《ていしゆつする》を許さす郡參事會府縣參事會の裁決を經て結局《けつきよく》の裁決《さいけつ》は行政裁判所に屬《ぞく》す此公法上の收入は私法《しはふ》上の收入と相混同《あひこんどう》す可からす例は市町村有《いう》の地所を一個人に貸渡《かしわた》したる時其借地料は民法《みんはふ》及訴訟法《そせうはふ》に準據《じゆんきよ》して徵收す可きなり將來《しやうらい》市町村の事業漸《やうや》く發達《はつたつ》するに從ひ經常の歳入《さいにふ》を以て支辨《しべん》すると能はさる所の大事業の起る可きは勢の免《まぬか》れさる所也然とも豫め其費用《ひよう》に備《そなへ》んか爲め資本《しほん》を蓄積《ちよせき》せんとする事も亦極《きは》めて難《かた》かる可し故に經常歳入《けいじやうさいにふ》を以て支《さゝ》へ能はさる所の需要《じゆよう》に應せんと欲《ほつ》すれは市町村をして

豫《あらかじめ》め將來《せうらい》の歳入を使用《しよう》することを得せしむるの道《みち》を開《ひら》くの外なかる可し即公債募集《こうさいぼしう》の方法是なり抑《そもそく》公債募集《こうさいぼしふ》の利益《りえき》は收入《しうにふ》時期の未だ到來《たうらい》せさるに先て豫め歳入《さいにふ》を使用して以て、町村住民の爲めに大事業を起し其經濟《けいざい》及納税力《のうぜい》を奬誘《しやういう》し且以て納税者の負擔《ふたん》を輕減するに在るなり公債の事たる利益《りえき》の在る所斯《かく》の如しと雖之に伴ふ所の弊害《へいがい》も亦自ら免れさるものあり若し市町村に於て此方法に依り豫め將來《せうらい》の歳入を使用《しよう》する時は則其元利償却《ぐわんりせうきやく》に充つる所の金額《きんがく》は將來の歳入中より減却《げんきやく》するものなれば負債額《ふさいがく》の多寡と償還《せうかん》期限の長短《たん》とに從ひ市町村の財政《ざいせい》に影響《えいきやう》する所少からす又市町村會に於ては資本《しほん》の得易《えやす》きが爲めに輕忽《けいこつ》に其市町村の實力《じつりよく》に相當せさる事業を起《おこ》すの傾向《けいかう》を爲し又は今日に負擔す可きの義務を漫《みだ》りに後年に傳《つた》へんとするの弊害《へいがい》なきことを能はず是最《もつと》も行政《ぎやうせい》の注意《ちうゐ》す可き所にして市制第百六條、第百二十二條、第一及町村制第百六條、第百二十六條、第一の規定あるは以上の論旨《ろんし》よ起因《きいん》するものとす

本制は公債募集《こうさいぼしふ》の事項を逐一列擧《ちくいちれつきよ》せず唯已むを得さるの必要《ひつえう》若くは永久の利益《りえき》と云ふを以て之れか制限《せいげん》を立てたり若し此制限に適合《てきがふ》するの證明《しようめい》なきものは許可《きよか》を與《あた》ふ可からず若し又償還期限三年以内よして許可を要せさるものは町村制第八十八條第一及市制第六十四條第一に依て相當の處分《しよぶん》を爲す可きなり其必要已むを得さるの支出《しゆつ》とは舊債《きうさい》を償還《しやうかん》し又は傳染《でんせん》病流行若くは水害《がい》等不慮《ふりよ》の災厄《さいやく》に遭遇《さうぐう》して一時の窮《きう》を救《すく》はんとするとき又は學校を開設《かいせつ》し道路を修築《しうちく》する等法律上の義務《ぎむ》を盡《つく》さんとするが如き場合《ばあひ》を謂ひ永久の利益となる可き支出とは市町村の力に堪《た》ふ可き事業《じげふ》を起し以て市町村有財産《いうざいさん》の生産《せいさん》力若くは住民の經濟《けいざい》力を增進《ぞうしん》し假令一時の負擔を增すも永遠《えいゑん》の利益を生す可き場合を謂《い》ふなり尤何れの場合に於ても一時の歳入《さいにふ》を以て支辨《しべん》し能はさる時に限《かぎ》るものとす但《たゞし》年々要《えう》する所の常費《じやうひ》は必經常《けいじやう》の歳入を以て支辨す可きものにして公債を募るを得す公債募集に當ては深く注意を加へ成るへく住民の負擔を輕《かろ》くし利息は時の相場に準

し随時償還《ずいじせうくわん》の約《やく》を立て、市町村に便利を與へさる可からす到底《たうてい》償還方法の確定《かくてい》するに非されば募集を許さす又公債を成るへく市町村の財政《ざいせい》に適準《てきじゆん》し償還期限《きげん》は長きに過く可からず故に本制に於ては償還《せうかん》は三年以内に始《はじ》まるものとし年々の償還歩合《せうくわんぶあひ》を定め且募集の時より三十年以内に還了《くわんれう》するを以て例規《れいき》と爲せり若し此例規に違はんとするときは必官の許可を要す（市制第百二十二條第一、町村制第百二十六條第一）元來許可を要せさる公債の種類《しゆるゐ》と雖も右の例規に違《たが》ふときは亦官の許可を請ふ可し

公債《こうさい》を起すと起さゝると及其方法の如何は市町村會の議決に屬す（市制第三十一條第八、町村制第卅三條第八）唯定額豫算内《たゞていかくよさんない》の支出《しゝゆつ》を爲すが爲めにして一會計年度内《くわいけいねんどない》に償還《せうかん》す可き公債は市に於ても市會の議決を要せず市參事會の意見《いけん》を以て募集《ぼしう》するを得と雖も（市制第百六條、第三項）町村に於ては町村會の同意を要すること勿論《もちろん》なり蓋斯《けだしかく》の如き公債は收入支出の多き市の如きに在《あり》ては自然《じぜん》已《や》む可からさるものにして其支出の時期《じき》と收入期限と常に相合一《あひがふいつ》せさるか故なり凡《およそ》公債を募集するに付許可を受く可きは右に陳述《ちんじゆつ》したる場合《ばあひ》及曾《かつ》て負債なきに新《あらた》に公債を起し又は舊債を增額《ぞうかく》するときに在り故に前記の如き一時の借入金《かりいれきん》を爲し又は舊債償還《きうさいせうかん》の爲めにする公債にして其期約舊債《やくきうさい》より負擔を輕くするときの如きは渾《すべ》て許可《きよか》を要《よう》せす其他は償還《せうかん》期限三年以内のものを除《のぞ》くの外《ほか》内務大藏兩大臣の許可を受く可し

旣《すで》に募集したる公債を豫定《よてい》の目的外《もくてきがい》に使用《しよう》せんとするときは市町村會の議決を要し且《かつ》若し其公債にして官許《かんきよ》を要《よう》するときは許可を受く可きことを言《いふ》を俟《ま》たず

市町村の財政は政府《せいふ》の財政に於けると均《ひと》しく三個《さんこ》の要件《ようけん》あり即《すなは》ち

甲《かう》　定額豫算表《ていかくよさんへう》を調成《てうせい》する事

乙《おつ》　收支《しうし》を爲す事

丙《へい》　決算報告《けつさんはうこく》を爲す事

以上の三要件《えうけん》にして法律中《はうりつちう》に細目《さいもく》を設《まう》く可き必要《ひつえう》あるものは本制《ほんせい》第四章《しやう》第二款《くわん》に於て之を規定《きてい》せり

甲

財政《ざいせい》を整理《せいり》し收支《しうし》の平衡《へいかう》を保《たも》つには定額豫算表《ていがくよさんへう》を設けさる可からす本制は（市制町村制第百七條）市町村をして豫算表調製《よさんへうてうせい》の義務《ぎむ》を負《お》はしむ故に若し市町村に於て此義務を盡《つく》さゝるときは法律上の權力を以て之を强制するを得可く若し之を議決せざるときは府縣參事《ふけんさんじ》會郡參事會の議決を以て之を補《おぎな》ふとを得可し（市制第百十九條、町村制第百二十三條）此義務は決して免《まぬか》る可からざる者なれば狹小《けうせう》の町村と雖も猶《なほ》之を負擔《ふたん》せさるを得す其豫算表は一年の見積《みつもり》を以て之を設け其會計年度《けいねんど》は政府《せいふ》の會計年度に同くせり其他本制は豫算表調製の細目《さいもく》を定めす要するに一切《いつさい》の收支及收入不足《ふそく》の場合《ばあひ》に當《あた》り支辨方法《しべんはうく》を定《さだ》むるを以て足《た》れりとす但財政整理《たゞしざいせいせいり》上に於て其市町村の資力《しりよく》を酌量《しやくれう》す可き必要《ひつえう》の細目を省令《せうれい》を以て之を定むることある可し

定額豫算《ていがくよさん》の案《あん》を調製《てうせい》することは町村長及市參事會《しさんじくわい》の擔任《たんにん》にして之を議決するは市町村會の職權《しよくけん》に屬《ぞく》す收支を許可《きよか》することは市町村會の全權《ぜんけん》に任せすして法律上の撿束《けんそく》を設くるものあり即當然支出す可きものを否決《ひけつ》したるときは監督官廳に於て强制豫算《がうせいよさん》を命するの權（市制第百十八條、町村制第百二十二條）あり又其議決の越權《ゑつけん》に渉《わた》り又は公益《こうえき》を害するものは其議決を停止するの權（市制第六十四條第一、町村制第六十八條第二）あり事項《じこう》に依りてハ官の許可を要するが故に（市制第百二十二條、第百二十三條第五第六、町村制第百二十六條、第百二十七條第五第六）市町村住民《ぢうみん》の爲めに過度《くわど》の負擔を制止《せいし》するの方法は十分備《そな》はれりと謂ふ可し故に豫算表は市町村會の議決する所に依り其全體《ぜんたい》に於て許可を受くるを要せず唯右に記載《きさい》したる場合に限《かぎ》りて許可

百

を受くるを要するのみ

凡定額豫算表《およそていがくよさんへう》は二樣の効力《かうりよく》あり即一方に於ては理事《りじ》者をして豫定《よてい》の支收《ししう》を爲すの權利を得せしめ一方に於ては踰越《ゆゑつ》すべからさるの制限を負《お》はしむるものなり殊《こと》に豫算外の支出豫算超過の支出若くは費目《ひもく》の流用《りうよう》を爲すに當《あたつ》て更《さら》に市町村會の議決を經《へ》可きものとす此場合に於て市町村會は當初《たうしよ》豫算を議決すると同一の規定に從《したがつ》て之を議決す可きなり其追加《ついか》豫算若くは豫算の變更《へんかう》を議決するに當り其事項《じかう》たる官の許可を要《えう》するときは均《ひとし》く其許可を受く可きことゝす豫備費《よびひ》を設く可きと否《いな》と及其額《がく》の如何は市町村會の議定に在りと雖も已に之を設けたる時は市制町村制第百九條の制限《せいげん》を除《のぞ》くの外町村長及市參事會《さんじくわい》の之を使用するに任す但其決算報告《たゞしけつさんはうこく》を爲す可きは固よりなりとす

乙

市町村收支の事務は之を官吏よ委任《いにん》せすして之を市町村の吏員即收入役を置《おい》て之に委任す是多く各國に行《おこな》はるゝ所の實例《じつれい》にして其吏員は市町村に於て之を撰任《せんにん》し有給吏員と爲せり要《えう》するに本制の旨趣《しゝゆ》は收支命令者と實地《じつち》の出納者とを分離《ぶんり》獨立《どくりつ》せしめんと欲《ほつ》するに在り故に收入役の事務を町村長に委任《いにん》するは本制の敢《あへ》て希望《きばう》する所に非《あら》すして此の如き場合は極《きは》めて罕《まれ》なる可し若し町村の情況《じやうけう》に依り別に有給《いうきふ》の收入役を置くを要せさるときは寧《むし》ろ之を助役に委任するを可とす又比隣《ひりん》の小町村は町村制第百十六條に從《したが》ひ共同して收入役一名を置くも亦便宜《またべんぎ》に任す

收支《しうし》命令權は町村長若くは市參事會及監督官廳に屬す收支命令は書面を以てせさるべからず收支命令を受けすして爲したる支拂《しはらひ》は市町村に於て之を任定するを要せす抑收支命令と實地《じつち》の出納とを分離《ぶんり》するは支拂前に於て其豫算に違《たが》ふ所なきやを監査するに便なるか爲めなり元來決算報告を爲すは即此目的《このもくてき》に外ならすと雖も既に支拂後《しはらひご》に係《かゝ》るを以て其監査之往々時機《わうくじき》に後《おく》るゝの

嫌《けん》あり故に本制は(市制町村制第百十條)收入役に負はしむるに其命令の正否《せいひ》を査するの義務を以てし其命令若し定額豫算《ていがくよさん》又は追加豫算若《ついかよさんもし》くば豫算變更《へんかう》の決議に適合《てきがう》せず又豫備費《よびひ》より支拂《しはら》ふ可きとき該費目《がいひもく》の支出《ししゆつ》に關する規定《きてい》を遵守《じゆんしゆ》せさるに於ては之を支出するを得さるものとす此義務は收入役の賠償責任《ばいしやうせきにん》と懲戒處分《ちようかいしよぶん》の制裁《せいさい》を以て十分ま之を盡《つく》さしむるを得可し若し町村長に收入役《しうにうやく》の事務を擔任せしむるときは收支命令と支拂との別と自ら消滅《せうめつ》し隨《したが》て上に記載《きさい》したる監査《かんさ》の法も亦之れなきに至る可し

收入役をして右の義務を行ひ易《やす》からしめんが爲定額豫算表《ためていがくよさんへう》と勿論追加豫算若《もちろんついかよさんもし》くと豫算變更《へんかう》の議決は必ず之を收入役に通報《つうはう》せざる可からず其豫算表及臨時《りんじ》の議決は併《あは》せて簿記《ぼき》の標準《へうじゆん》と爲るものなり本制は簿記の事に就ては規定《きてい》を立つることなしと雖も簿記及ひ一般出納《はんしゆつなふ》の事務に就《つい》ては追《おつ》て訓令《くんれい》を以て原則《げんそく》を示《しめ》すことある可し又本制は出納を檢査《けんさ》するを以て市町村の義務と爲せり(市制町村制第百十一條)若し理事者《りじしや》に於て此義務を行はす又は檢査を行ふて盡さゝる所あるが爲ゝ市町村に損害《そんがい》を釀《かも》したるときは市町村に對して賠償義務《ばいしやうぎむ》を負はしむ可きなり此賠償義務の外懲戒《ちようかい》を加へ得可きは言を俟《ま》たす

丙《へい》

決算報告《けつさんほうこく》の目的《もくてき》は二あり左の如し

一 計算《けいさん》の當否《たうひ》及計算と收支《しうし》命令《めいれい》と適合《てきがふ》するや否《いな》を審査《しんさ》する事(會計審査《くわいけいしんさ》)

二 出納《すいなふ》と定額豫算表《ていがくよさんへう》又は追加《ついか》豫算若くは豫算變更の議決又は法律命令と適合《てきがふ》するや否《いな》を査定する事(行政審査《ぎやうせいしんさ》)

會計審査《くわいけいしんさ》は會計主任者(即收入役《しうにうやく》又は收入役の事務を擔任する助役若《じよやくもし》くは町村長)に對《たい》し行ふものにして行政審査は市町村の理事者《りじしや》即町村長若くは市參事會《しさんじくわい》に對して行ふものなり其會計審査

は先《ま》づ町村長(但町村長に於て會計を兼掌《けんしやう》するときは此限《このかぎり》に在らず)及市參事會に於て之を行ひ次で市町村會に於て右二樣の目的を以て會計を審査す(市制町村制第百十二條)是故《このゆへ》に收支《しうし》命令者(町村長助役《じよやく》、市參事會員)にして市町村會の議員《ぎゐん》を兼《か》ぬるときは其議決に加《くわ》はることを得ず(市制第四十三條、町村制第四十五條)若《も》し又議長たるときは其議事中議長席《せき》に居《お》ることを得さるものとす(市制第百十二條、町村制第百十三條) 是利《これり》害《がい》の互《たがひ》に抵觸《ていしよく》するを以てなり

決算報告の時會計《ときくわいけい》に不足《ふそく》あるときは市制第百二十五條若くは町村制第百二十九條を適用《てきよう》すべし

市制町村制《しせいてうそんせい》第五章《しやう》　市町村內特別の財產《さいさん》を有《いう》する市區又は各部《かくぶ》の行政

行政の便利《べんり》の爲めに畫したる區と一市町村內に於て獨立《どくりつ》の法人《ほうじん》たる權利を有する各部との區別あるは固《もと》より言《いふ》を待《ま》たず本制之一市町村の統一《とういつ》を尙《たつと》ふものにして一市町村內に獨立する小組織《せうそしき》を存續《そぞく》し又は造成《ぞうせい》することを欲するにあらず然《しか》れ共強《しひ》て此原則《このげんそく》を斷行《だんかう》せんとするときは一地方に於て正當《せいたう》に享有《けうゆう》する利益《りえき》を傷害《しやうがい》するの恐《おそ》れあり故に概《がい》して此の旨趣《しゆ》に依て論すへからさる者あり大市町村《だいしてうそん》に於ては現今旣《げんこんすで》に特別《とくべつ》の財產を有する部落《ぶらく》あり現今の小町村を合併《がつぺい》するときも更に又此の如き部落を現出すへし其部落之卽獨立の權利を存《そん》するものと謂《い》ふへし又他の一方より論するときは市制町村制第九十九條の原則《げんそく》に依り其部落は義務を負擔《ふたん》することありと雖も之れが爲め直に別段《べつだん》の組織《そしき》を要することなかるへし其特別財產《とくべつざいさん》又之營造物《えいざうぶつ》の管理《くわんり》は之を其全市町村の理事者たる町村長又は市參事會に委任するも妨《さまた》けなし(市制第百十四條町村制第百十五條)若し區長を置《お》くときは町村長又は市參事會に於て區長に指揮《しき》して其管理《くわんり》の事務を取扱《とりあつか》はしむることを得べし尤其一部の權利を傷害《しやうがい》すべからざるは言《いふ》を俟《ま》たず本制に於て其一部の出納《すいとふ》及會計の事務を分別《ふんべつ》すへきものとするは卽是《これ》が爲《た》めなり議會の職掌《しよくしやう》を論《ろん》すれば(市制自第三十條至第三十五條、町村制自第三十二條至第三十七條)特別事務《とくべつじむ》と雖も總《すべ》て之れを市町村會に委任するも

妨《さまた》けなき而已《のみ》ならず却《かへ》つて希望《きばう》すへきところなり然《しか》れども地方に依りては全市町村と其各部落《かくぶらく》との利害《りがい》は互《たがひ》に相抵觸《あひていしよく》すること往々《わう〳〵》之れあり其甚《はなはだし》きに至ては多數《たすう》の爲めに壓抑《あつよく》を蒙《こう》むることあり依つて其の一部限《ぶかぎ》りの選擧《せんきよ》を以て特別《とくべつ》の議會を起《おこ》しもつて其の議事を委任《いにん》することを得可し其之れを起すの利害に就ては一般の原則を設け難きかも爲に姑《しばら》く條例の規定に任せさる可らず但此《たゞしこ》の條例は固より普通《ふつう》の規定に依るへくして特別《とくべつ》のものにあらすと雖も其之れを設け並《ならび》に其事項《じこう》を定むるは市町村會の議決に任せすして之を郡若《さんをし》くば府縣參事會に委任せり何となれば利害の相抵觸《あひていしよく》するが爲め偏頗《へんぱ》の處置《しよち》あらんことを恐《おそ》るればなり只市町村會の意見を徴《ちう》す可きは勿《もち》論《ろん》なり要《ゑう》するに區會は市町村會又は區内人民の情願《ぜうぐわん》に依り之を設くるを當然《とうぜん》とす村會の構成《かうせい》は本制又規定したる市町村會の組織《そしき》に照準し條例中に之を定む可きものとす區會の職掌《しよくせう》は市町村會の職掌に同じ只其特別事《たゞそのとくべつじ》件《けん》に限るのみ

町村制《ちやうそんせい》第六章　町村組合《くみあひ》

本制の希望《きばう》する如く有力《いうりよく》の町村を造成《ざうせい》し又郡《またぐん》を以て自治体と爲すときは其他別に區畫《くくわく》を設くるの必要《ひつよう》なかる可きなり殊《こと》に一事件ある毎に特別《とくべつ》の聯合《れんがう》を設くるを要せざる可し若し漫《みだり》に聯合を設くる時は行政事務簡明《かんめう》ならすその組織錯綜《そしきさくそう》を極《きは》め費用も亦隨《したが》つて增加《ぞうか》するを免れざるは英國《えいこく》の實例《じつれい》を以て證《しやう》するに足る可し獨り水利土功《すいりどこう》の聯合又は小町村に於て學校の聯合を設くるか如きは萬已《まんや》むを得さるものにして普別法《みなべつほう》を以て規定《きてい》せさる可からず然れども其別法の發布《はつぷ》せさる間は本制に於《おい》て豫め之か方法を設けさる可からす又此必要あるの外往々町村組合《くみあひ》を設くるの活路《かつろ》を示《しめ》す可きものあり卽本制に於ては關係《くわんけい》町村の協議《けうぎ》を以て其組合を爲すの目的《もくてき》、組合會議の組織、事務管理《じむくわんり》の方法及費用の支辨方法等《しべんはうはふとう》を定むるときは（町村制第百十六條第一項、第百十七條第一項）監督官廳《かんとくくわんてう》卽郡長の許可を得て組合を成すことを許せり町村に於て相當《さうたう》の資力《しりよく》を有せざるこき組合《くみあひ》を爲さしむるを必要《ひつえう》と爲すが如き是なり此の如き場合あるときは町村制第四條に於て合併《がつぺい》す可きことを規定《きてい》すと雖も事情《じじやう》に依りては合併を施《ほどこ》す可からず又は之を不便と爲すことなしとせず例《たと》へば該町村《がいてうそん》の互に相遠隔《あひゑんかく》するが如き又は古來《こらい》の慣習《かんしふ》に於て調和《てうわ》を得ざるが如きの類《るい》あり此《かく》の如きに至ては其町村の異議《いぎ》あるにも拘《かゝは》らず事務共同の爲め組合を成さしむるの權力《けんりよく》なかる可からず其組合を成すときは第四條の場合に異にして其各町村の獨立を存し又別に町村長及町村會若くは町村總會を有す可き理なり然れども其組合を成す所の共同事務の多寡《たくわ》及種類《しゆるゐ》は其組合《くみあひ》に依《より》て互《たがひ》に異なるものとす

抑《そもそも》協議《けふぎ》に依らずして組合を設くるは町村の獨立權《どくりつけん》を傷《きず》くるの恐れあるに因り郡參事會の議決《ぎけつ》に任《にん》するを妥當《だたう》なりとす(町村制第百十六條第二項)果して其共同事務の區域を定め強制を以て組合を成さしめたるときは議會の組織事務管理《くわんり》の方法、費用《ひよう》支辨《しべん》の方法就中《なかんづく》分擔《ぶんたん》の方法に至ては先《ま》づ關係《くわんけい》町村に於て之を協議するを要す若し其協議調はさるに及ては郡參事會に於て之を議決するの外なし

組合《くみあひ》議會の組織《そしき》、事務管理の方法、費用支辨の方法殊《こと》に分擔《ぶんたん》の割合《わりあひ》は本制に於て豫め之を規定せす實際《じつさい》の場合に於て便宜《べんぎ》其方法を制す可し故に組合は特別《とくべつ》の議會を設け或は各町村會を合して會議を開き或は互選《ごせん》の委員《ゐゝん》を以て議會を組織し或は各町村會別《くわいべつ》個に會議を爲し其各議會の一致を以て全組合の議決と爲すの類各其宜きに從ふ可し又町村長の如きも組合に一の町村長を置き且《かつ》之を永久獨立《えいきうどくりつ》とし或は各町村長の交番《かうばん》と爲すを得可し又組合の費用は或は特別の組合費として之を各個人《かくこじん》に賦課《ふくわ》し或は之を各町村に賦課し以て其賦課徴收《ふくわてうしふ》の法を各町村の便宜に任するを得可し各町村分擔《ぶんたん》の割合《わりあひ》は利害の輕重《けいぢう》土地の廣狹《かうけふ》人口《じんこう》の多寡《たくわ》及納税力の厚薄《こうはく》を以て標準と爲す可し但其納税力の詮定方《せんていかた》に至ても又《また》之を一定すること能《あた》はさる可し以上の各事項《かくじかう》に關《くわん》し本制は全

く實地《じつち》宜《よろし》きに從ふを許せり故《ゆへ》に各地方に於て其便と爲す所を採擇《さいたく》す可し

組合《くみあひ》町村は之を解《と》くの議決《ぎけつ》を爲すを得《う》と雖も郡長の許可《きよか》を得るを要《よう》す（町村制第百十八條）

市制《しせい》第六章《しやう》町村制第七章　市《し》町村行政《てうそんぎやうせい》の監督《かんとく》

監督《かんとく》の目的《もくてき》及方法は本説《ほんせつ》明中各處に之を論《ろん》せり故に復《また》之を贅《せい》せす唯茲《たゞこゝ》に其要點《えうてん》を概括《がいかつ》せんとす

（第一）監督《かんとく》の目的《もくてき》は左《さ》の如し

一　法律《はうりつ》、有効《じうかう》の命令《めいれい》及官廳《かんてう》より其權限内《けんぐない》にて爲《なし》たる處分《しよぶん》を遵守《じゆんしゆ》するや否《いなや》を監視《かんし》する事

二　事務《じむ》の錯乱澁滯《さくらんしうたい》せさるや否《いなや》を監視《かんし》し時宜《じぎ》に依ては強制《けうせい》を施《ほどこ》す事（市制第百十七條町村制第百二十一條）

三　公益《こうえき》の妨害《ばうがい》を防《ふせ》き殊《こと》に市町村の資力《しりよく》を保持《ほぢ》する事

以上の目的《もくてき》を達《たつ》するが爲めには左《さ》の方法《はうはう》あり

一　市町村の重役《ちうやく》を認可《にんか》し又は臨時《りんじ》町村長助役を遷任《せんにん》する事（市制第五十條、第五十一條第五十二條、町村制第五十九條、第六十條第六十一條、第六十二條）

二　議決《ぎけつ》を許可《きよか》する事《こと》（市制第百二十二條、第百二十三條、町村制第百二十六條、第百二十七條）

三　行政《けうせい》事務の報告《ほうこく》を爲《なさ》しめ書類帳簿《しよるゐてうぼ》を査閲《さえつ》し事務の現況《けんけう》を視察《しさつ》し並出納を撿閲《けんえつ》する事

四　強制豫算《けうせいよさん》を命する事（市制第百十八條、町村制第百二十二條）

五　上班《じやうはん》の參事會に於て代て議決を爲す事（市制第百十九條、町村制第百二十三條）

六　市町村會及市參事會の議決を停止する事（市制第六十四條第一、第六十五條、町村制第六十八條、第一）

七　懲戒《ちようかい》處分を行《おこな》ふ事（市制第百二十四條第百二十五條、町村制第百二十八條、第百二十九條）

八　市町村會を解散《かいさん》する事（市制第百二十條、町村制第百二十四條）

（第二）監督官廳《かんとくかんちやう》は左の如し

町村に對《たい》しては

一　郡長《ぐん》　二　知事《ちじ》　三　内務《ないむ》大臣

市に對しては

一　知事　二　内務大臣

法律《はふりつ》に明文《めいぶん》ある場合に於ては郡長若くは知事ハ郡參事會若くは府縣《ふけん》參事會の同意《どうい》を求《もと》むるを要す但參事會を開設《かいせつ》するまでは郡長知事の專決《せんけつ》に任す（市制第百二十七條、町村制第百三十條）市町村吏員の處分《しよぶん》若くは議決《ぎけつ》に對《たい》する訴願《そぐわん》に就てハ先市町村の事務《じむ》と市制第七十四條、町村制第六十九條に記載《きさい》したる事務との間《あひだ》ニ區別を立てさる可らす市制第七十四條、町村制第六十九條ニ記載したる事務に關《くわん》して訴願を許すと否《いな》とハ一般《いつぱん》の法律《はふりつ》規則に從《したが》ふ者とす之に反して市町村の事務に關しては此法律に明文ある場合に限れり（市制第八條第四項、第二十九條、第三十五條、第六十四條第一、第七十八條、第百五條、第百二十四條、町村制第八條第四項、第二十九條、第三十七條、第六十八條第一、第七十八條、第百五條、第百二十八條）本制は訴願《そぐわん》の必要《ひつえう》なる場合を列載《れつさい》し悉したるものとす又監督《かんとく》官廳ハ自已《じこ》の發意《はつい》に依《より》其職權《しよくけん》を以て監督權《けん》を行ふを得るのみならす人の告知に依て亦之を行ふことを得可し而して其告知《こくち》は本制ニ所謂《いはゆる》訴願の種類にあらされハ期限《きげん》を定めす又前きの處分《しよぶん》若くは議決の執行《しつかう》を停止《ていし》することを得さるなり（市制第百十六條第二項、第五項、町村制第百二十條第二項、第五項）

市町村の行政事務《ぎやうせいじむ》に關《くわん》し郡長若くは府縣知事の第一次又は第二次に於《おい》て爲《ゐ》したる處分若《もし》くは裁決《けつ》に對《たい》しては其參事會の同意《どうゐ》を得ると否とに拘《かゝは》らす一般に訴願《そぐわん》を爲すを許《ゆる》せり特に法律に明文ある場合に限りて之を許《ゆる》さるゝ者とす「市制第百十六條第一項、町村制第百二十條第一項」若し其處分又は裁決《さいけつ》郡長より發したるものなるときは之に對《たい》する訴願は知事《ちじ》之れを裁決し郡《ぐん》參事會より發《はつ》したるものなるときは府縣《ふけん》參事會之を裁決《さいけつ》す知事及府縣參事會の裁決に不服《ふふく》ある者は其に內務大臣に訴願《そぐわん》する者とす而して權利《けんり》の消長《せう》に關する結局《けつきよく》の裁決は之を行政裁判所に委任するを妥當と爲すは上奏屢々之を說明《せつめい》せり但權利の爭論《そうろん》は一般に行政訴訟《そせう》を許《ゆる》すにあらすして之を許《ゆる》す可きの必要《ひつえう》ある場合に限り特に之れか明文《めいぶん》を揭《かゝ》く故《ゆゑ》に其明文なき場合《ばあひ》に於ては結局《けつきよく》の裁決は常《つね》に內務大臣に屬《ぞく》するものとす而《しか》して行政訴訟《そーやう》を許《ゆる》したる場合に於ては內務大臣に訴願《そぐわん》するを許さす最上官衙《さいじやうくわんが》の裁決を以て法司《はふし》の審判《しんぱん》に付するを欲《ほつ》せさるが故なり但《たゞし》本制に於て行政裁判《はん》所の權限を規定《きてい》したるは市町村の行政事務《ぎやうせいじむ》に關《くわん》する事に止まり其他の事務《じむ》に涉《わた》る權限は他日別法《べつはふ》を以て定む可きことゝす又目下《もくか》行政裁判所の設《まう》けなきを以て之を開設《かいせつ》するまでの間は內閣《ないかく》に於て其職務《しよくむ》を擔任《たんにん》す可きことゝ止むを得さるなり〔市制第百二十七條、町村制第百三十條〕

以上記述《きじゆつ》する所の要旨《えうし》は則左の如し

〔第一〕市町村の行政事務《ぎやうせいじむ》に屬《ぞく》せさる事件に對《たい》する訴願《そぐわん》及其順序《じゆんじよ》は一般の法律《はふりつ》規則に從ふ者とす

〔第二〕市町村の行政事務《ぎやうせいじむ》に關《くわん》すと雖も市町村吏員の處分《しよぶん》若くは裁決《さいけつ》に對しては本制《ほんせい》に明文を揭《かゝ》たる場合に限り訴願《そぐわん》を許し之に反《はん》して監督《かんとく》官廳又は郡《ぐん》府縣參事會の處分若くは裁決《さいけつ》に對しては一般に訴願《そぐわん》を許す其訴願《そぐわん》の順序《じゆんじよ》は左圖の如し

市

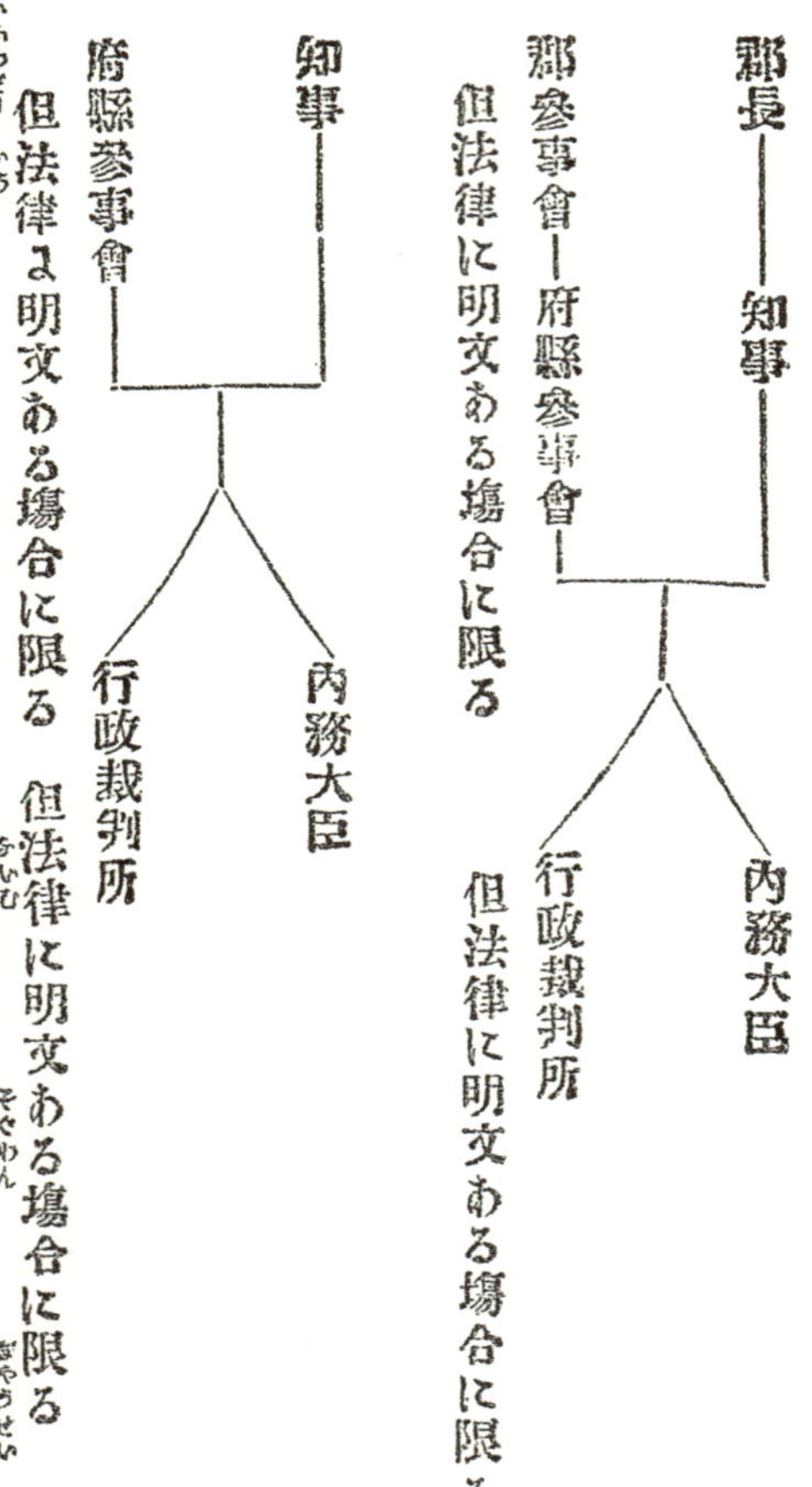

前圖《ぜんづ》の順序《じゆんじよ》は必《かならず》履行《りかう》せさる可からさるものにして內務《ないむ》大臣に訴願《そぐわん》し又は行政《ぎやうせい》裁判所に出訴《しゆつそ》せんとするには必《かならず》其前段《ぜんだん》の順序《じゆんじよ》を經《けい》由《ゆ》したる後に在るへきものとす（畢）

明治廿一年八月廿二日刷成
同年八月廿三日出版

定價金八錢

翻刻發行者　大坂東區唐物町四丁目十二番屋敷寄留　前川初之助

印刷者　大坂東區高麗橋五丁目十六番地　大垣彌太郎

地方自治法研究復刊大系〔第243巻〕

傍訓 市制町村制 附 理由書〔明治21年初版〕

日本立法資料全集 別巻 1053

2018(平成30)年3月25日　復刻版第1刷発行　7653-4:012-010-005

編　者　同　盟　館
発行者　今　井　貴
　　　　稲　葉　文　子
発行所　株式会社信山社
〒113-0033 東京都文京区本郷6-2-9-102東大正門前
Ⓣ03(3818)1019　Ⓕ03(3818)0344
来栖支店〒309-1625 茨城県笠間市来栖2345-1
Ⓣ0296-71-0215　Ⓕ0296-72-5410
笠間才木支店〒309-1611 笠間市笠間515-3
Ⓣ0296-71-9081　Ⓕ0296-71-9082
印刷所　ワイズ書籍
製本所　カナメブックス
用　紙　七洋紙業

printed in Japan　分類 323.934 g 1053

ISBN978-4-7972-7653-4 C3332 ¥20000E

日本立法資料全集 別巻

地方自治法研究復刊大系

最近検定 市町村名鑑 附 官国幣社及諸学校所在地一覧〔大正7年12月発行〕／藤澤衛彦 著
農村自治之研究 明治41年再版〔明治41年10月発行〕／山崎延吉 著
市制町村制講義〔大正8年1月発行〕／樋山廣業 著
改正 町村制詳解 第13版〔大正8年6月発行〕／長峰安三郎 三浦通太 野田千太郎 著
改正 市町村制註釈〔大正10年6月発行〕／田村浩 編集
大改正 市制 及 町村制〔大正10年6月発行〕／一書堂書店 編
市制町村制 並 附属法 訂正再版〔大正10年8月発行〕／自治館編集局 編纂
改正 市町村制詳解〔大正10年11月発行〕／相馬昌三 菊池武夫 著
増補訂正 町村制詳解 第15版〔大正10年11月発行〕／長峰安三郎 三浦通太 野田千太郎 著
地方施設改良 訓諭演説集 第6版〔大正10年11月発行〕／鹽川玉江 編輯
東京市会先例彙輯〔大正11年6月発行〕／八田五三 編纂
市町村国税事務取扱手続〔大正11年8月発行〕／広島財務研究会 編纂
自治行政資料 斗米遺粒〔大正12年6月発行〕／樫田三郎 著
市町村大字読方名彙 大正12年度版〔大正12年6月発行〕／小川琢治 著
地方自治制要義 全〔大正12年7月発行〕／末松偕一郎 著
東京市政論 大正12年初版〔大正12年12月発行〕／東京市政調査会 編輯
帝国地方自治団体発達史 第3版〔大正13年3月発行〕／佐藤亀齢 編輯
自治制の活用と人 第3版〔大正13年4月発行〕／水野錬太郎 述
改正 市制町村制逐條示解〔改訂54版〕第一分冊〔大正13年5月発行〕／五十嵐鑛三郎 他 著
改正 市制町村制逐條示解〔改訂54版〕第二分冊〔大正13年5月発行〕／五十嵐鑛三郎 他 著
台湾 朝鮮 関東州 全国市町村便覧 各学校所在地 第一分冊〔大正13年5月発行〕／長谷川好太郎 編纂
台湾 朝鮮 関東州 全国市町村便覧 各学校所在地 第二分冊〔大正13年5月発行〕／長谷川好太郎 編纂
市町村特別税之栞〔大正13年6月発行〕／三邊長治 序文 水谷平吉 著
市制町村制実務要覧〔大正13年7月発行〕／梶康郎 著
正文 市制町村制 並 附属法規〔大正13年10月発行〕／法曹閣 編輯
地方事務叢書 第三編 市町村公債 第3版〔大正13年10発行〕／水谷平吉 著
市町村大字読方名彙 大正14年度版〔大正14年1月発行〕／小川琢治 著
通俗財政経済体系 第五編 地方予算と地方税の見方〔大正14年1月発行〕／森田久 編輯
町村会議員選挙要覧〔大正14年3月発行〕／津田東璋 著
実例判例文例 市制町村制総覧〔第10版〕第一分冊〔大正14年5月発行〕／法令研究会 編纂
実例判例文例 市制町村制総覧〔第10版〕第二分冊〔大正14年5月発行〕／法令研究会 編纂
町村制要義〔大正14年7月発行〕／若槻禮次郎 題字 尾崎行雄 序文 河野正義 述
地方自治之研究〔大正14年9月発行〕／及川安二 編輯
市町村 第1年合本 第1号-第6号〔大正14年12月発行〕／帝國自治研究会 編輯
市制町村制 及 府県制〔大正15年1月発行〕／法律研究会 著
農村自治〔大正15年2月発行〕／小橋一太 著
改正 市制町村制示解 全 附録〔大正15年5月発行〕／法曹研究会 著
市町村民自治読本〔大正15年6月発行〕／武藤榮治郎 著
市制町村制 及 関係法令〔大正15年8月発行〕市町村雑誌社 編輯
改正 市町村制義解〔大正15年9月発行〕／内務省地方局 安井行政課長 校閲 内務省地方局 川村芳次 著
改正 地方制度解説 第6版〔大正15年9月発行〕／挟間茂 著
地方制度之栞 第83版〔大正15年9月発行〕／湯澤睦雄 著
改訂増補 市制町村制逐條示解〔改訂57版〕第一分冊〔大正15年10月発行〕／五十嵐鑛三郎 他 著
実例判例 市制町村制釈義 大正15年再版〔大正15年9月発行〕／梶康郎 著
改訂増補 市制町村制逐條示解〔改訂57版〕第二分冊〔大正15年10月発行〕／五十嵐鑛三郎 他 著
註釈の市制と町村制 附 普通選挙法 大正15年初版〔対照5年11月発行〕／法律研究会 著
実例町村制 及 関係法規〔大正15年12月発行〕自治研究会 編纂
改正 地方制度通義〔昭和2年6月発行〕／荒川五郎 著
註釈の市制と町村制 附 普通選挙法〔昭和3年1月発行〕／法律研究会 著
註釈の市制と町村制 施行令他関連法収録〔昭和4年4月発行〕／法律研究会 著
実例判例 市制町村制釈義 第4版〔昭和4年5月発行〕／梶康郎 著
新旧対照 市制町村制 並 附属法規〔昭和4年7月発行〕／良書普及会 著
改正 市制町村制解説〔昭和5年11月発行〕／挟間茂 校 土谷覺太郎 著
加除自在 参照條文附 市制町村制 附 関係法規〔昭和6年5月発行〕／矢島和三郎 編纂
改正版 市制町村制 並ニ 府県制 及ビ重要関係法令〔昭和8年1月発行〕／法制堂出版 著
改正版 註釈の市制と町村制 最近の改正を含む〔昭和8年1月発行〕／法制堂出版 著
市制町村制 及 関係法令 第3版〔昭和9年5月発行〕／野田千太郎 編輯
実例判例 市制町村制釈義 昭和10年改正版〔昭和10年9月発行〕／梶康郎 著
改訂増補 市制町村制実例総覧 第一分冊〔昭和10年10月発行〕／良書普及会 編纂
改訂増補 市制町村制実例総覧 第二分冊〔昭和10年10月発行〕／良書普及会 編

信山社

以下続刊

日本立法資料全集 別巻

地方自治法研究復刊大系

改正 府県制郡制要義 第4版〔明治40年12月発行〕／美濃部達吉 著
判例挿入 自治法規全集 全〔明治41年6月発行〕／池田繁太郎 著
市町村執務要覧 全 第一分冊〔明治42年6月発行〕／大成会編輯局 編輯
市町村執務要覧 全 第二分冊〔明治42年6月発行〕／大成会編輯局 編輯比較研究
自治要義 明治43年再版〔明治43年3月発行〕／井上友一 著
自治之精髄〔明治43年4月発行〕／水野錬太郎 著
市制町村制講義 全〔明治43年6月発行〕／秋野沆 著
改正 市制町村制講義 第4版〔明治43年6月発行〕／土清水幸一 著
地方自治の手引〔明治44年3月発行〕／前田宇治郎 著
新旧対照 市制町村制 及 理由 第9版〔明治44年4月発行〕／荒川五郎 著
改正 市制町村制 附 改正要義〔明治44年4月発行〕／田山宗堯 編輯
改正 市町村制問答説明 明治44年初版〔明治44年4月発行〕／一木千太郎 編纂
改正 市制町村制〔明治44年4月発行〕／田山宗堯 編輯
旧制対照 改正市町村制 附 改正理由〔明治44年5月発行〕／博文館編輯局 編
改正 市制町村制〔明治44年5月発行〕／石田忠兵衛 編輯
改正 市制町村制詳解〔明治44年5月発行〕／坪谷善四郎 著
改正 市制町村制註釈〔明治44年5月発行〕／中村文城 註釈
改正 市制町村制正解〔明治44年6月発行〕／武知彌三郎 著
改正 市町村制講義〔明治44年6月発行〕／法典研究会 著
新旧対照 改正 市制町村制新釈 明治44年初版〔明治44年6月発行〕／佐藤貞雄 編纂
改正 町村制詳解〔明治44年8月発行〕／長峰安三郎 三浦通太 野田千太郎 著
新旧対照 市制町村制正文〔明治44年8月発行〕自治館編輯局 編纂
地方革新講話〔明治44年9月発行〕西内天行 著
改正 市制町村制釈義〔明治44年9月発行〕／中川健蔵 宮内國太郎 他 著
改正 市制町村制正解 附 施行諸規則〔明治44年10月発行〕／福井淳 著
改正 市制町村制講義 附 施行諸規則 及 市町村事務摘要〔明治44年10月発行〕／樋山廣業 著
新旧比照 改正市制町村制註釈 附 改正北海道二級町村制〔明治44年11月発行〕／植田鹽恵 著
改正 市町村制 並 附属法規〔明治44年11月発行〕／楠綾雄 編輯
改正 市制町村制精義 全〔明治44年12月発行〕／平田東助 題字 梶康郎 著述
改正 市制町村制義解〔明治45年1月発行〕／行政法研究会 講述 藤田謙堂 監修
増訂 地方制度之栞 第13版〔明治45年2月発行〕／警眼社編集部 編纂
地方自治 及 振興策〔明治45年3月発行〕／床次竹二郎 著
改正 市制町村制正解 附 施行諸規則 第7版〔明治45年3月発行〕福井淳 著
改正 市制町村制講義 全 第4版〔明治45年3月発行〕秋野沆 著
増訂 農村自治之研究 大正2年第5版〔大正2年6月発行〕／山崎延吉 著
自治之開発訓練〔大正元年6月発行〕／井上友一 著
市制町村制逐條示解〔初版〕第一分冊〔大正元年9月発行〕／五十嵐鑛三郎 他 著
市制町村制逐條示解〔初版〕第二分冊〔大正元年9月発行〕／五十嵐鑛三郎 他 著
改正 市町村制問答説明 附 施行細則 訂正増補3版〔大正元年12月発行〕／平井千太郎 編纂
改正 市制町村制註釈 附 施行諸規則〔大正2年3月発行〕／中村文城 註釈
改正 市町村制正文 附 施行法〔大正2年5月発行〕／林甲子太郎 編輯
増訂 地方制度之栞 第18版〔大正2年6月発行〕／警眼社 編集 編纂
改正 市制町村制詳解 附 関係法規 第13版〔大正2年7月発行〕／坪谷善四郎 著
改正 市制町村制 第5版〔大正2年7月発行〕／修学堂 編
細密調査 市町村便覧 附 分類官公衙公私学校銀行所在地一覧表〔大正2年10月発行〕／白山榮一郎 監修 森田公美 編著
改正 市制 及 町村制 訂正10版〔大正3年7月発行〕／山野金蔵 編輯
市制町村制正義〔第3版〕第一分冊〔大正3年10月発行〕／清水澄 末松偕一郎 他 著
市制町村制正義〔第3版〕第二分冊〔大正3年10月発行〕／清水澄 末松偕一郎 他 著
改正 市制町村制 及 附属法令〔大正3年11月発行〕／市町村雑誌社 編著
以呂波引 町村便覧〔大正4年2月発行〕／田山宗堯 編輯
改正 市制町村制講義 第10版〔大正5年6月発行〕／秋野沆 著
市制町村制実例大全〔第3版〕第一分冊〔大正5年9月発行〕／五十嵐鑛三郎 著
市制町村制実例大全〔第3版〕第二分冊〔大正5年9月発行〕／五十嵐鑛三郎 著
市町村名辞典〔大正5年10月発行〕／杉野耕三郎 編
市町村吏員提要 第3版〔大正6年12月発行〕／田邊好一 著
改正 市制町村制と衆議院議員選挙法〔大正6年2月発行〕／服部喜太郎 編輯
新旧対照 改正 市制町村制新釈 附 施行細則 及 執務條規〔大正6年5月発行〕／佐藤貞雄 編纂
増訂 地方制度之栞 大正6年第44版〔大正6年5月発行〕／警眼社編輯部 編纂
実地応用 町村制問答 第2版〔大正6年7月発行〕／市町村雑誌社 編纂
帝国市町村便覧〔大正6年9月発行〕／大西林五郎 編
地方自治講話〔大正7年12月発行〕／田中四郎左右衛門 編輯

信山社

日本立法資料全集 別巻

地方自治法研究復刊大系

市町村条例指鍼 完〔明治22年5月発行〕／坪谷善四郎 著
参照比較 市町村制註釈 完 附 問答理由〔明治22年6月発行〕／山中兵吉 著述
市町村議員必携〔明治22年6月発行〕／川瀬周次 田中迪三 合著
参照比較 市町村制註釈 完 附 問答理由 第2版〔明治22年6月発行〕／山中兵吉 著述
自治新制 市町村会法要談 全〔明治22年11月発行〕／高嶋正載 著述 田中重策 著述
国税 地方税 市町村税 滞納処分法問答〔明治23年5月発行〕／竹尾高堅 著
日本之法律 府県制郡制正解〔明治23年5月発行〕／宮川大壽 編輯
府県制郡制註釈〔明治23年6月発行〕／田島彦四郎 註釈
日本法典全書 第一編 府県制郡制註釈〔明治23年6月発行〕／坪谷善四郎 著
府県制郡制義解 全〔明治23年6月発行〕／北野竹次郎 編著
市町村役場実用 完〔明治23年7月発行〕／福井淳 編纂
市町村制実務要書 上巻 再版〔明治24年1月発行〕／田中知邦 編纂
市町村制実務要書 下巻 再版〔明治24年3月発行〕／田中知邦 編纂
米国地方制度 全〔明治32年9月発行〕／板垣退助 序 根本正 纂訳
公民必携 市町村制実用 全 増補第3版〔明治25年3月発行〕／進藤彬 著
訂正増補 議制全書 第3版〔明治25年4月発行〕／岩藤良太 編纂
市町村制実務要書続編 全〔明治25年5月発行〕／田中知邦 著
地方學事法規〔明治25年5月発行〕／鶴鳴社 編
増補 町村制執務備考 全〔明治25年10月発行〕／増澤鐵 國吉拓郎 同輯
町村制執務要録 全〔明治25年12月発行〕／鷹巣清二郎 編輯
府県制郡制便覧 明治27年初版〔明治27年3月発行〕／須田健吉 編輯
郡市町村吏員 収税実務要書〔明治27年11月発行〕／荻野千之助 編纂
改訂増補鼇頭参照 市町村制講義 第9版〔明治28年5月発行〕／蟻川堅治 講述
改正増補 市町村制実務要書 上巻〔明治29年4月発行〕／田中知邦 編纂
市町村制詳解 附 理由書 改正再版〔明治29年5月発行〕／島村文耕 校閲 福井淳 著述
改正増補 市町村制実務要書 下巻〔明治29年7月発行〕／田中知邦 編纂
府県制 郡制 町村制 新税法 公民之友 完〔明治29年8月発行〕／内田安蔵 五十野譲 著述
市制町村制註釈 附 市制町村制理由 第14版〔明治29年11月発行〕／坪谷善四郎 著
府県制郡制註釈〔明治30年9月発行〕／岸本辰雄 校閲 林信重 註釈
市町村新旧対照一覧〔明治30年9月発行〕／中村芳松 編輯
町村至宝〔明治30年9月発行〕／品川彌二郎 題字 元田肇 序文 桂虎次郎 編纂
市制町村制應用大全 完〔明治31年4月発行〕／島田三郎 序 大西多典 編纂
傍訓註釈 市制町村制 並ニ 理由書〔明治31年12月発行〕／筒井時治 著
改正 府県郡制問答講義〔明治32年4月発行〕／木内英雄 編纂
改正 府県制郡制正文〔明治32年4月発行〕／大塚宇三郎 編纂
府県制郡制〔明治32年4月発行〕／徳田文雄 編輯
郡制府県制 完〔明治32年5月発行〕／魚住嘉三郎 編輯
参照比較 市町村制註釈 附 問答理由 第10版〔明治32年6月発行〕／山中兵吉 著述
改正 府県制郡制註釈 第2版〔明治32年6月発行〕／福井淳 著
府県制郡制釈義 全 第3版〔明治32年7月発行〕／栗本勇之助 森惣之祐 同著
改正 府県制郡制註釈 第3版〔明治32年8月発行〕／福井淳 著
地方制度通 全〔明治32年9月発行〕／上山満之進 著
市町村新旧対照一覧 訂正第五版〔明治32年9月発行〕／中村芳松 編輯
改正 府県制郡制 並 関係法規〔明治32年9月発行〕／鷲見金三郎 編纂
改正 府県制郡制釈義 再版〔明治32年11月発行〕／坪谷善四郎 著
改正 府県制郡制釈義 第3版〔明治34年2月発行〕／坪谷善四郎 著
再版 市町村制例規〔明治34年11月発行〕／野元友三郎 編纂
地方制度実例総覧〔明治34年12月発行〕／南浦西郷侯爵 題字 自治館編集局 編纂
傍訓 市制町村制註釈〔明治35年3月発行〕／福井淳 著
地方自治提要 全〔明治35年5月発行〕／木村時義 校閲 吉武則久 編纂
市制町村制釈義〔明治35年6月発行〕／坪谷善四郎 著
帝国議会 府県会 郡会 市町村会 議員必携 附 関係法規 第一分冊〔明治36年5月発行〕／小原新三 口述
帝国議会 府県会 郡会 市町村会 議員必携 附 関係法規 第二分冊〔明治36年5月発行〕／小原新三 口述
地方制度実例総覧〔明治36年8月発行〕／芳川顯正 題字 山脇玄 序文 金田謙 著
市町村是〔明治36年11月発行〕／野田千太郎 編纂
市制町村制釈義 明治37年第4版〔明治37年6月発行〕／坪谷善四郎 著
府県郡市町村 模範治績 附 耕地整理法 産業組合法 附属法例〔明治39年2月発行〕／荻野千之助 編輯
自治之模範〔明治39年6月発行〕／江木翼 編
改正 市制町村制〔明治40年6月発行〕／辻本末吉 編輯
実用 北海道郡区町村案内 全 附 里程表 第7版〔明治40年9月発行〕／廣瀬清澄 著述
自治行政例規 全〔明治40年10月発行〕／市町村雑誌社 編著

日本立法資料全集 別巻

地方自治法研究復刊大系

仏蘭西邑法 和蘭邑法 皇国郡区町村編制法 合巻〔明治11年8月発行〕／箕作麟祥 閲 大井憲太郎 譯／神田孝平 譯
郡区町村編制法 府県会規則 地方税規則 三法綱論〔明治11年9月発行〕／小笠原美治 編輯
郡吏議員必携三新法便覧〔明治12年2月発行〕／太田啓太郎 編輯
郡区町村編制 府県会規則 地方税規則 新法例纂〔明治12年3月発行〕／柳澤武運三 編輯
全国郡区役所位置 郡政必携 全〔明治12年9月発行〕／木村陸一郎 編輯
府県会規則大全 附 裁定録〔明治16年6月発行〕／朝倉達三 閲 若林友之 編輯
区町村会議要覧 全〔明治20年4月発行〕／阪田辨之助 編纂
英国地方制度 及 税法〔明治20年7月発行〕／良保両氏 合著 水野遵 翻訳
鼇頭傍訓 市制町村制註釈 及 理由書〔明治21年1月発行〕／山内正利 註釈
英国地方政治論〔明治21年2月発行〕／久米金彌 翻譯
市制町村制 附 理由書〔明治21年4月発行〕／博聞本社 編
傍訓 市町村制及説明〔明治21年5月発行〕／高木周次 編纂
鼇頭註釈 市町村制俗解 附 理由書 第2版〔明治21年5月発行〕／清水亮三 註解
市制町村制註釈 完 附 市制町村制理由 明治21年初版〔明治21年5月発行〕／山田正賢 著述
市町村制詳解 全 附 市町村制理由〔明治21年5月発行〕／日鼻豊作 著
市制町村制釈義〔明治21年5月発行〕／壁谷可六 上野太一郎 合著
市制町村制詳解 全 附 理由書〔明治21年5月発行〕／杉谷庸 訓點
町村制詳解 附 市制及町村制理由〔明治21年5月発行〕／磯部四郎 校閲 相澤富蔵 編述
傍訓 市制町村制 附 理由〔明治21年5月発行〕／鶴聲社 編
市制町村制 並 理由書〔明治21年7月発行〕／萬字堂 編
市制町村制正解 附 理由〔明治21年6月発行〕／芳川顕正 序文 片貝正晉 註解
市制町村制釈義 附 理由書〔明治21年6月発行〕／清岡公張 題字 樋山廣業 著述
市制町村制釈義 附 理由 第5版〔明治21年6月発行〕／建野郷三 題字 櫻井一久 著
市町村制註解 完〔明治21年6月発行〕／若林市太郎 編輯
市町村制釈義 全 附 市町村制理由〔明治21年7月発行〕／水越成章 著述
市制町村制義解 附 理由〔明治21年7月発行〕／三谷軌秀 馬袋鶴之助 著
傍訓 市制町村制註解 附 理由書〔明治21年8月発行〕／鯰江貞雄 註解
市制町村制註釈 附 市制町村制理由 3版増訂〔明治21年8月発行〕／坪谷善四郎 著
傍訓 市制町村制 附 理由書〔明治21年8月発行〕／同盟館 編
市制町村制註釈 完 附 市制町村制理由 第2版〔明治21年9月発行〕／山田正賢 著述
傍訓註釈 日本市制町村制 及 理由書 第4版〔明治21年9月発行〕／柳澤武運三 註解
鼇頭参照 市町村制註解 完 附 理由書及参考諸令〔明治21年9月発行〕／別所富貴 著述
市町村制問答詳解 附 理由書〔明治21年 9 月発行〕／福井淳 著
市制町村制註釈 附 市制町村制理由 4版増訂〔明治21年9月発行〕／坪谷善四郎 著
市制町村制 並 理由書 附 直接間接税類別 及 実施手続〔明治21年10月発行〕／高崎修助 著述
市町村制釈義 附 理由書 訂正再版〔明治21年10月発行〕／松木堅葉 訂正 福井淳 釈義
増訂 市制町村制註解 全 附 市制町村制理由挿入 第3版〔明治21年10月発行〕／吉井太 註解
鼇頭註釈 市町村制俗解 附 理由書 増補第5版〔明治21年10月発行〕／清水亮三 註解
市町村制施行取扱心得 上巻・下巻 合冊〔明治21年10月・22年2月発行〕／市岡正一 編纂
市制町村制傍訓 完 附 市制町村制理由 第4版〔明治21年10月発行〕／内山正如 著
鼇頭対照 市町村制解釈 附理由書及参考諸布達〔明治21年10月発行〕／伊藤寿 註釈
市制町村制俗解 明治21年第3版〔明治21年10月発行〕／春陽堂 編
市町村制正解 明治21年第4版〔明治21年10月発行〕／片貝正晉 註釈
市制町村制詳解 附 理由 第3版〔明治21年11月発行〕／今村長善 著
町村制実用 完〔明治21年11月発行〕／新田貞橘 鶴田嘉内 合著
町村制精解 完 附 理由書 及 問答録〔明治21年11月発行〕／中目孝太郎 磯谷群爾 註釈
市町村制問答詳解 附 理由 全〔明治22年1月発行〕／福井淳 著述
訂正増補 市町村制問答詳解 附 理由 及 追輯〔明治22年1月発行〕／福井淳 著
市町村制質問録〔明治22年1月発行〕／片貝正晉 編述
傍訓 市町村制 及 説明 第7版〔明治21年11月発行〕／高木周次 編纂
町村制要覧 全〔明治22年1月発行〕／浅井元 校閲 古谷省三郎 編纂
鼇頭 市制町村制 附 理由書〔明治22年1月発行〕／生稲道蔵 略解
鼇頭註釈 町村制 附 理由 全〔明治22年2月発行〕／八乙女盛次 校閲 片野続 編釈
市町村制実解〔明治22年2月発行〕／山田顕義 題字 石黒磐 著
町村制実用 全〔明治22年3月発行〕／小島鋼次郎 岸野武司 河毛三郎 合述
実用詳解 町村制 全〔明治22年3月発行〕／夏目洗蔵 編集
理由挿入 市町村制俗解 第3版増補訂正〔明治22年4月発行〕／上村秀昇 著
町村制市制全書 完〔明治22年4月発行〕／中嶋廣蔵 著
英国市制実見録 全〔明治22年5月発行〕／高橋達 著
実地応用 町村制質疑録〔明治22年5月発行〕／野田籐吉郎 校閲 國吉拓郎 著
実用 町村制市制事務提要〔明治22年5月発行〕／島村文耕 輯解

信山社